地方史研究会会報

福岡地方史研究

第48号

児島敬三氏建立の「仁」の碑

石《いし》瀧《たき》豊《とよ》美《み》

昭和五十六（一九八一）年三月、済生会二日市病院の敷地の一角に「仁《じん》の碑」という記念碑が建てられた。この碑は二日市保養所のことを知った元高校教師の児島敬三氏が、自費で寄付されたものだそうだ。

この一文は、五木寛之『日本人のこころ』第五巻（二〇〇二年）から見出したものだ（五六ページ）。私は平成四（一九九二）年から十年まで筑紫野市史編集委員会に勤務していた。二日市保養所のことは知っていたが、足を運んだことはなかった。女性の人権問題に取り組んでいる知人に聞くと、二日市保養所跡はフィールドワークで訪れるところで、今も「仁」の碑の前で記念写真を撮ることが多いという。

児島さんは福岡地方史研究会の会員だった。私が会員になったのは三十年程前だが、例会で児島さんをお見かけする機会はたびたびあった。しかし、一度も言葉を交わした覚えがない。私は、児島さんに近づきがたい威厳を感じていたようだ。

前会長の近藤典二先生に児島さんのことを尋ねてみた。近藤先生も高校の教師をされていた。児島さんは修猷館高校に在職し、福岡県高等学校歴史研究会の会長をされていて、近藤先生がその補佐をされていた時代もあったとのことだった。

二日市保養所は戦後の博多港引き揚げ者の内、望まぬ妊娠を強要された人たちの堕胎手術を密かに行っていたところだ。医師や看護師は当時の法律に違反し、罪に問われることを承知で、人道的な立場から従事した。児島さんはその崇高な行為を後世に伝えようと、「仁」の碑を建立した。医は仁術の、まさに「仁」である。私は児島さんの行為に「陰徳」という言葉を思ったのである。

福岡地方史研究

〔福岡地方史研究会会報〕　第48号　2010年8月

【特集】
峠・街道・宿場町

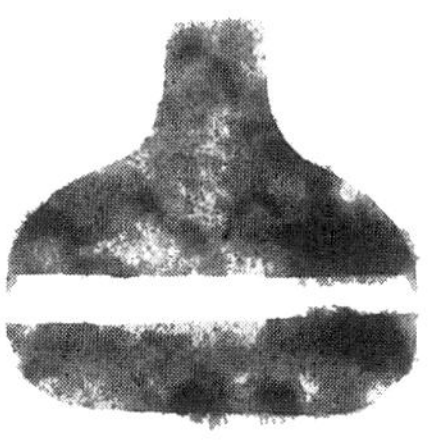

「峠・街道・宿場町」特集にあたって

ラジオの交通情報で「しょうけ峠」と読み上げられるたびに、いつも不快感を禁じ得ない。糟屋郡から旧穂波郡へと、三郡山系の鞍部を越えるつづら折りの険しい峠道は、地元では「しょうけ越え」の名で親しまれてきたのである。江戸時代初期の古文書に「犬鳴声」という文字を見た時はうれしかった。「犬鳴越え」のことで、決して犬鳴峠とは呼んでいなかったのである。

県道35号線の糟屋郡宇美町と太宰府市との境の辺りも、いつのまにか「只峠」の標識が立った。これも本来は「只越え」であり、私は大和の「直越えの道」に通じる、大宰府政庁時代の古い地名が残っているのだろうと考えていたので、何もかも「峠」に読み替えていく現代の行政の手法は歴史の冒瀆にすら思える。

＊

さて、本号では「峠・街道・宿場町」を特集した。会員からそれぞれ特色ある論考が寄せられ、読み応えのある内容になったものと喜んでいる。

田中由利子さんは、福岡藩が敗訴した佐賀藩との国境の争いについて、国絵図に脊振山頂の「弁財天」を記載したかどうかが問題になったことに着目し、地域信仰からこの出来事を解明したところに独自性がある。

福島日出海さんは、嘉麻市と秋月との間の、新旧二つの「八丁越え」について、その性格、使い分けについて、古文書を丹念にたどって明らかにしようとする。

有田和樹さんは、対馬で幕府が応接した最後の朝鮮通信使の時、幕府役人が大規模に前原宿を通行し、その際の地域の大わらわの対応ぶりを詳細に描いた。

近藤典二さんは、四十年前の未発表の論考をこの機会に改稿の上で公にし、郡奉行・郡代という郡役人が城下町を離れて現地に赴任する際には（「在住」）、宿場町を選ぶ傾向があることを、多くの事例から析出した。

佐々木哲哉さんは、「浪花講」という言葉をヒントに、旅宿の風紀紊乱が問題になっていたことを引き出し、そのことからさらに、「英彦山参り」という各地の村の行事と若者の成人儀礼との関係を考察している。

河島悦子さんは、古い峠道が保存されてきた背景に、自発的な「道守り」の存在があったこと、河島さん自身も「道守り」を実践してきたことを、体験者ならではの視点でレポートしている。

（石瀧）

■特集■峠・街道・宿場町①■

脊振弁財嶽国境争論にみる国絵図と地域信仰

田中由利子《たなかゆりこ》

はじめに

近世初期、幕府に提訴された国・藩境争論の対象となった地帯はほとんど山野河海で、その争論地は論所と呼ばれ[1]、そこには金山・森林・漁場などが存在し、それらの資源の利用収益を享受する目的をもって、両藩（複数藩の場合もある）が互いに支配権を争った[2]。

例えば、幕府まで公訴された近世初期の主な国・藩境争論をみてみると、秋田藩と南部藩で争われた比内《ひない》・鹿《か》角《づの》境争論（慶長二十〔一六一五〕年～延宝五〔七七〕年）では金山と森林資源が原因、越後藩と会津藩で争われた会越国境争論《くにざかいそうろん》（寛永十九〔一六四二〕年～正保三〔四六〕年）では只《ただ》見《み》川《がわ》上流の銀山が原因、宇和島藩と土佐藩で争われた篠山《ささやま》・沖の島地境論（明暦二〔一六五六〕年～万治二〔五九〕年）では森林資源と漁業資源が原因、越後藩と信濃藩で争われた信越国境争論（寛文十〔一六七〇〕年～延宝二〔七四〕年）では森林資源が原因、高山藩と加賀藩と富山藩の三藩で争われた争論（寛文十二〔一六七二〕年～延宝二年）では金山及び森林資源が原因であった。

このように、国・藩境争論の原因の多くは、経済的用益によるものであった。また、近世における国・藩境争論の特徴的な訴訟形態は、藩主自身が提訴の主となる「直公事《じきくじ》」は禁止され、訴訟の当事者はあくまでも百姓とする「百姓公事」であった[3]。そのため、各藩では藩役人が百姓に偽装して、出廷することもあった。

そのような中、元禄五（一六九二）年、福岡藩より、近世の一般的訴訟形態である「百姓公事」として幕府に提訴された脊振[4]弁財嶽国境争論がある。この争論は、幕府に提訴された一般的な国・藩境争論とは、いささか趣が異なる。それは、その論所において、特別な経済的用益が見当たらないからである。

そこで本稿では、脊振弁財嶽国境争論の幕府裁許状を再考察し、勝敗を決定づけたとされる国絵図にも着目して、近世初期の一般的な国・藩境争論とは異なったこの争論に内在する新たな側面を、明らかにしていくものである。

1 脊振弁財嶽国境争論と幕府裁許状

(1) 脊振弁財嶽国境争論とは

まず、脊振弁財嶽国境争論とは、天和三（一六八三）年の秋、福岡藩（筑前国）早良郡板屋村・椎原《しいば》村・脇山村と佐賀藩（肥前国）神埼郡久保山村の間で始まった国・藩境争論である。論所は、背振山《せふりさん》（上宮嶽、弁財嶽とも呼ばれる）にある上宮弁財天堂を含む南山麓の同一場所である、二重平《にじゆうだいら》（筑前側呼称）・笹平《ささんじゃーら》（肥前側呼称）であった。

元禄五（一六九二）年に福岡藩より百姓公事として幕府に提訴され、翌六年に幕府境目検使の現地検分を経て、幕府の裁定により佐賀藩の勝訴となった。この争論の時期は、五代将軍徳川綱吉の時代で、福岡藩は第四代藩主黒田綱政、佐賀藩は第二代藩主鍋島光茂の治世下であった。この争論に関しての福岡藩側の一次史料は管見の限り見当たらない[5]。佐賀藩では、この争論の翌年、「肥前背振辨財嶽境論御記録・附録[6]」を書いた。この史料の中の幕府裁許状より、佐賀藩勝訴の論拠は何であったかをみていく。

(2) 幕府裁許状

筑前国早良郡板屋村脇山村椎原村百姓与《と》肥前国神埼郡久保山村百姓両国境諍論裁許之條々[7]

一筑前国百姓訴趣、筑前国早良郡背振山上宮東門寺之由来者《は》、三代実録、朝野群載、元亨釈書、并旧記有之而《て》、為筑前国由申之、右三部之書其外之證文、筑前国背振山之名雖有之、上宮東門寺弁財天者《は》不載之、肥前国百姓所出之旧記、證文自上代至近年、背振山之号数多有之、渓嵐拾葉集、江州竹生島義軌、背振山在肥前国、且又日本六弁才天其壱ヶ所在背振山、然則両国各雖有背振山之名、弁財天之儀ハ、肥前国百姓所答證拠慥也、并東門寺古跡之礎有之由、筑前国百姓訴之、肥前国百姓答候者《は》、弁財天参詣之者、為参籠、往年小堂有之処、年久令破壊旨申之、検分

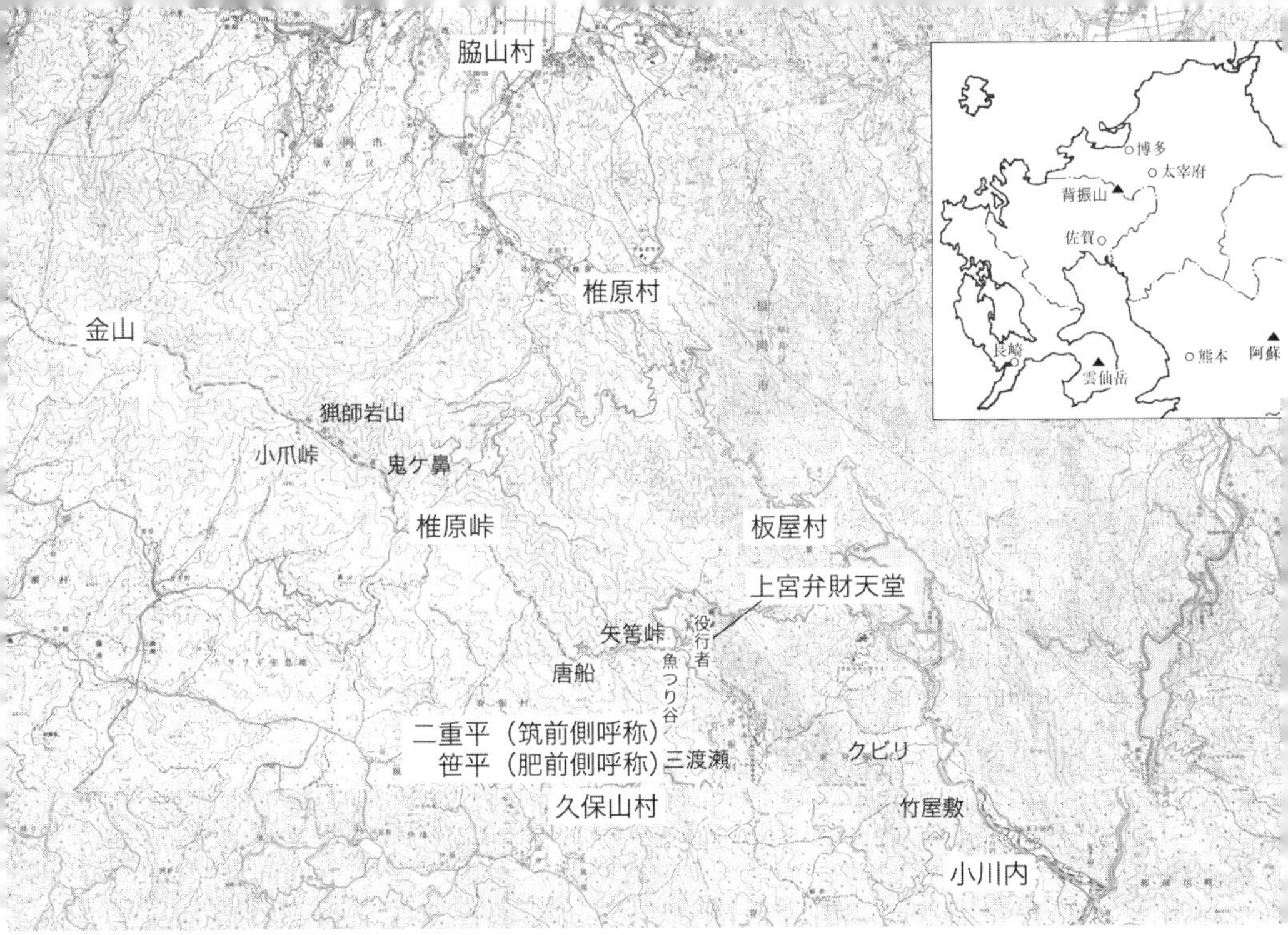

脊振弁財嶽国境争論論地
（国土地理院発行25000分の１地形図「背振山／不入道／広瀬／中原」より作成）

之上、纔ニ九尺弐間之所ニ小石相残、非寺院之礎、且東門寺之証文、筑前国百姓雖差出之、一向不正条、所訴不謂事

一論所、炭竈跡所々有之、筑前国百姓令進退由、雖申之、證跡聊無之、肥前国百姓所出之帳面、鍛治炭収納之書載之証拠、為慥条、筑前国百姓所訴非分也、又論所之内、田地跡有之、筑前国百姓申候者《は》、為筑前国領分、然ニ肥前国之者、弐拾年以前依令開発、早速押止之由申之、肥前国百姓申候者《は》、此所佐賀領無紛候、雖然用水不足故、不致耕作旨申之、検分之上、畔形歴然ニ有之、二、三年作来田地相見ニ付、遂吟味処、筑前国百姓不及異儀上者《は》、肥前国百姓申旨有謂事

一論所、筑前国百姓所指之境、肥前国田畠之畔ニ随、或山之半腹、或ハ谷を横切、牓示不正、全、国境之差別不相見、肥前国百姓申所之境者《は》、北山峰続絶頂通高障子まて引之、自其谷川を下り久比利至り、牓示相立段、検使検分上、尤相見事、右為検使、佐久間小左衛門、設楽勘左衛門、被差遣之、遂糺明処、筑前国百姓所訴不慥、段々申分ヶ無之旨、筑前国百姓證文差出之候、且又正保四年、佐賀領主公儀江所差上之官庫之一国絵図ニ、上宮嶽弁財天堂之図記之、

福岡領主所上之絵図ニ、不載之、剰百三拾年余、中宮多聞坊弁財天堂守之、中宮下宮坊中江《え》、寺領五百八拾石余、佐賀領主寄附之、造営修理等、是又佐嘉領主致之条、旁以、肥前国百姓所答理運也、依之肥前国百姓所指之牓示用之、各加印判、両国境相定畢、自今以後永守此旨、不可再犯者也

元禄六年癸酉十月十二日

（後文並びに差出人名など略）

内容を要約すると、一条目では、書物による背振山と弁財天の所属国の記載について述べている。二条目では、論所において肥前側では過去炭焼きが行われたことを示す記載帳と耕作の跡があるが、筑前側にはこれがないこと。三条目では、筑前国百姓のいう境界線の引き方は、山の中腹や谷を横切っているが、肥前国百姓のいう境界線は、一般的な峰切り谷切りであること、また、正保四年の幕府提出の肥前側の国絵図には上宮嶽と弁財天堂が記載され、筑前側の国絵図にはそれがなかったこと、さらに、弁財天堂を肥前側中宮多聞坊が百三十年余り守っていて、佐賀領主が中宮・下宮坊中に寺領五百石余りを寄進し、造営・修理なども佐賀領主が行っていたこととなる。

以上の内容整理より、裁許状による勝敗の根拠は、炭焼・耕作の有無と境界線の引き方以外は、全て背振山信仰[8]と関わりがあるものであった。そして、この勝敗を決定づけたものは、正保期幕府提出の国絵図における背振山（上宮嶽）と弁財天の記載の有無であった。では、問題となった正保期幕府提出の両藩の国絵図をみていこう。

2　正保の国絵図に記された山名の意味するもの

（1）正保期の幕府提出の両藩国絵図

国絵図とは、日本において十六世紀から十九世紀にかけて作成された国郡単位の絵図の総称である。その代表は豊臣政権や江戸幕府が全国に命じて作成したものであるが、他にも幕府の巡検使や国目付に提出させたものや、藩が領内支配のために個別に作成したものなどが存在する。徳川政権下においては、これまでのところ、慶長期（慶長九〔一六〇四〕年発令）、正保期（正保元〔一六四四〕年発令）、元禄期（元禄九〔一六九六〕年発令）、天保期（天保六〔一八三五〕年発令）の数次にわたって全国的に国単位の絵図・郷帳の作成が命じられた[9]。川村博忠氏は、「国絵図は幕政時代を通じて領地及び境界認識の基本資料として重要な役割を有していて、幕府裁定の

有力な証拠となる場合が多い」と述べている[10]。

　福岡藩敗訴の原因の一つとなった正保の国絵図は、三代将軍家光治世下の正保元（一六四四）年十二月、江戸幕府は大目付井上筑後守政重と同宮城越前守和甫を総裁として、諸国の大名に国絵図の作成を命じ、同時に郷村高帳と居城図の提出を求めた。正保期の国絵図においては、絵図様式が統一され、縮尺は一里を六寸（二一六〇〇分一）と規定された。国絵図提出においては、幕府より国ごとに絵図元（国絵図調進の担当者）が割り当てられ、筑前では福岡藩第二代藩主黒田忠之が、肥前では佐賀藩初代藩主鍋島勝茂が絵図元となり、国絵図作成を仰せ付けられた。

　正保期の国絵図は、福岡藩では正保三（一六四六）年に幕府に献上され[11]、佐賀藩は正保三年十二月に幕府に献上された[12]。その際、各藩では控を所有した。では、問題となった正保国絵図における両藩の背振山（上宮嶽）の記載をみていく。

　福岡藩の正保三年「御国中絵図控[13]」は、幕府提出の控である。現在、印刷物として『福岡県史資料　第六巻　巻末附載図』で見ることができるが、原本を見ることには制限がある。そこで本稿では、原本を見ることが可能で、しかもこの絵図控に類似している国絵図を分析対象としたい。それは、国立大学法人九州大学附属図書館が所蔵する天和二（一六八二）年の「御国絵図」である[14]。これは正保三年「御国中絵図控」より、約四十年ほど後に作成されたものであるが、この絵図の背振山周辺の山の描き方など、ほぼ共通しており、国境小書《こがき》は字数や角度まで酷似している。【図1】は正保三年「御国中絵図控」で、【図2】は天和二年「御国絵図」である。【図2】の背振山の位置する部分を拡大してみると【図3】となる。椎原村と板屋村の間の背振山の位置には、山の姿はあっても、山名の記載はない。

　一方、佐賀藩の正保四年「肥前一国絵図[15]」もまた、幕府提出の控えである[16]。原本は鍋島報效会蔵・佐賀県立図書館寄託で、現在閲覧禁止となっている。その正保四年「肥前一国絵図」【図4】には、背振山の位置に「上宮嶽」と書かれており、その左上に、四角形の枠付きで「弁才天」とあるのがわかる。

　上宮嶽とは背振山信仰において、その名の通り、上宮を意味するものである。この背振山は上宮嶽または御嶽や弁財嶽と呼ばれ[17]、当時、上宮に弁財天を祀り、中宮霊仙寺《りょうせんじ》[18]には乙護法を、下宮修学院[19]には不動明王を祀っていた。

　正保期の国絵図作成過程において、福岡藩の絵図元で

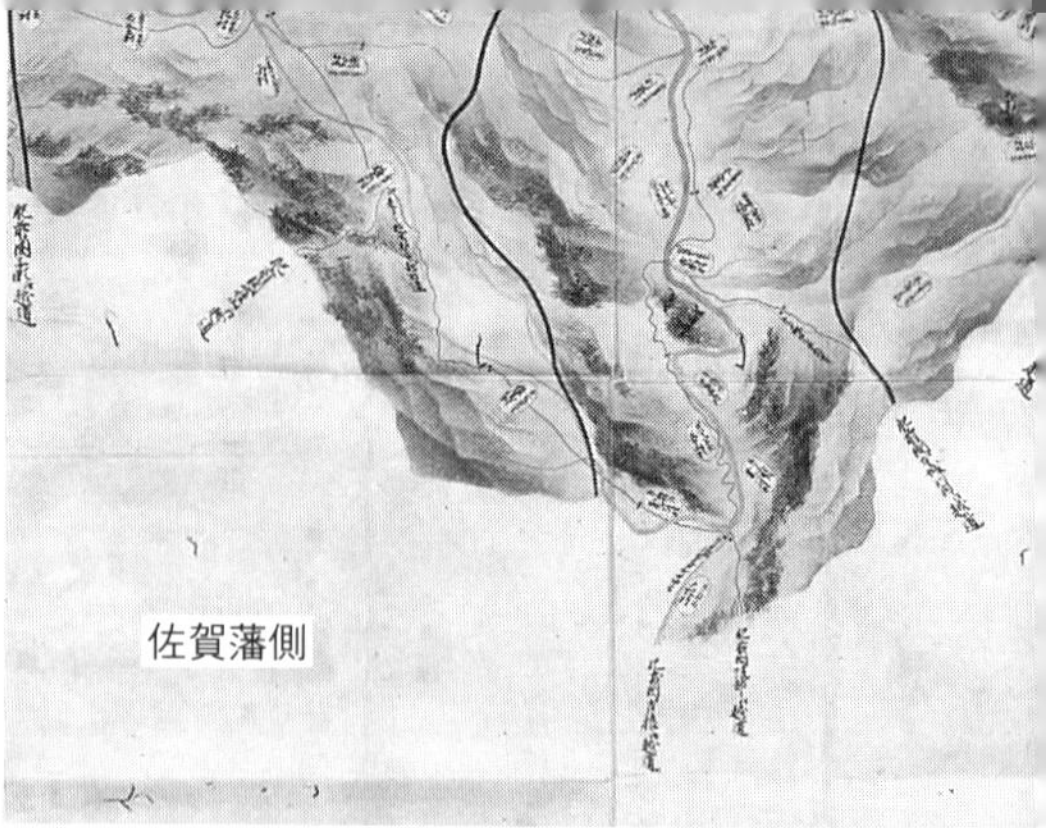

図1　正保三年「御国中絵図控」（部分。「黒田家資料」福岡市博物館蔵）366×404㎝

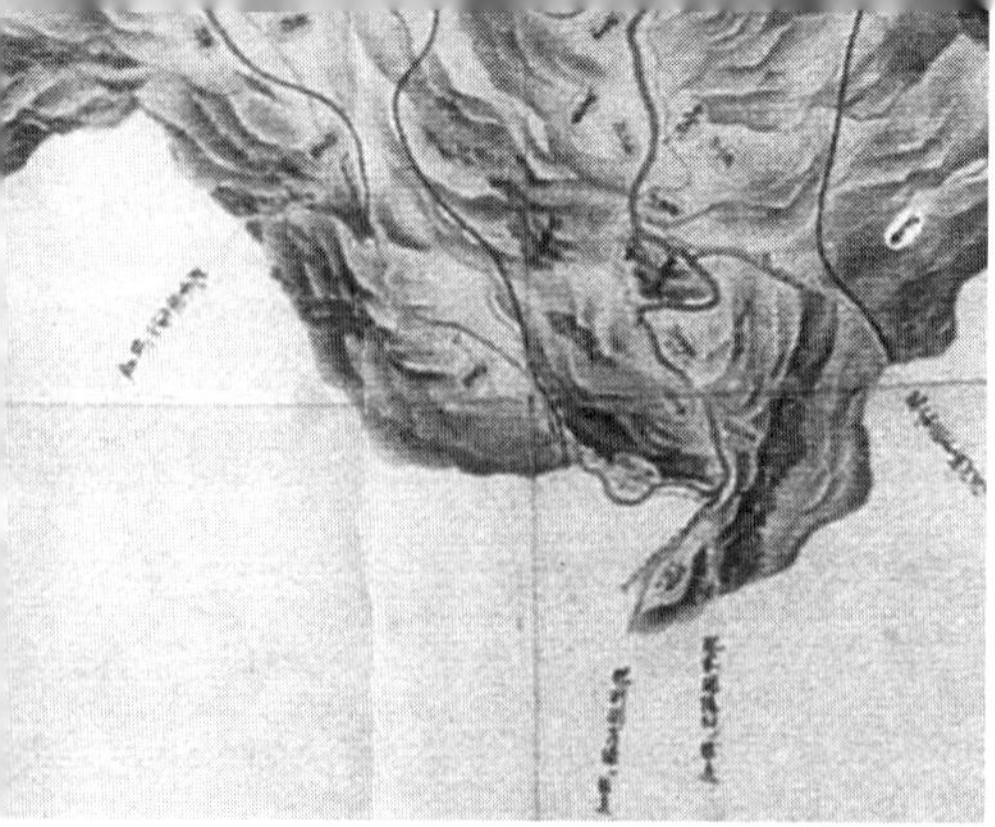

図2　天和二年「御国絵図」（部分。「廣瀬文庫」国立大学法人九州大学附属図書館蔵）360×441㎝

ある黒田忠之と幕府との関わりは、残存史料がないため、はっきりしない。

一方、佐賀藩の絵図元である鍋島勝茂は、自国領の絵図のみならず、日田の化粧田[20]を始め、長崎代官所の絵図作成にも携わり、頻繁に幕府の絵図責任者井上筑後守政重と連絡を取り合う[21]。そして、（正保二年カ）十月二十五日、勝茂は、「一領中並隣端之衆、絵図之儀、清書者《は》爰元にて書立候ハてハ、相済間敷之由、井上筑後殿御申候条、絵図下書相済次第、池野三郎右衛門尉・西牟田清兵衛尉絵書之者召連、早々差上せ可被申候、尤隣端衆へも此由申候而《て》、急度相調被差出候様ニ相談尤候[22]（後略）」と多久美作へ書状を出し、井上筑後守が、清書まで肥前で描いていては終わらないと心配しているため、下書きが終わり次第、絵図師を伴い江戸へ登るよう指示を出している。そのような経緯のもと、江戸において清書がなされ、上宮嶽と弁財天は記載されたのである。

（2）背振山信仰と両藩の関わり

この争論の鍵となった背振山信仰は、山岳信仰として古くより栄えており、平安後期には、筑前原田種房が筑前国脇山にあった背振山上宮東門寺に先祖相伝の私領地や新田を寄進し、それにより東門寺の寺領は拡大する。鎌倉・室町時代には隆盛を極め、上宮東門寺を中心として筑肥一山組織を形成し、背振山山腹から山麓にかけて多数の坊が存在していた。寺領は筑前国では早良郡を、肥前国では神埼郡を中心に広がり、その所領範囲は筑後にまで及んだ。しかし、南北朝以降の戦乱で寺社・坊舎は悉く焼かれ衰微した。そのため、戦国期以降は筑肥一山組織が機能しなくなり、それぞれの国ごとの信仰に分かれた。そして、豊前国より移封してきた黒田氏にとっ

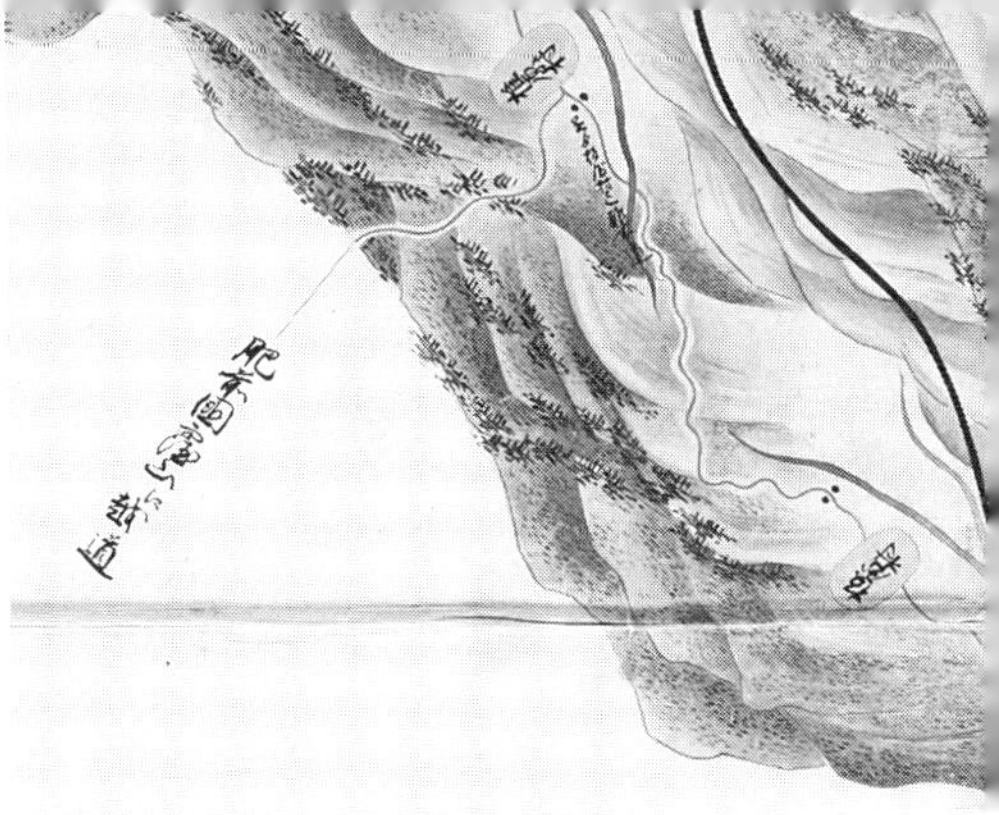

図3　図2の天和二年「御国絵図」の部分拡大（背振山付近）

図4　正保四年「肥前一国絵図」（部分。「鍋島文庫」鍋島報效会蔵）435×496㎝。図中，中央右の山に「上宮嶽」とある。その左上に□を描き，中に「弁才天」とある

て、背振山信仰である東門寺は、外護する対象にはならなかった。

　この争論において、福岡藩では背振山及び弁財天を重視した。藩命により争論に関与していた貝原益軒は、証拠書類として「筑前国背振山」と記載された著名な書物を京都まで行き収集する。さらに益軒は、宗像神社祠官深田民部を使って、福岡藩が弁財天を祀っていることを神祇管領長上吉田兼連に証明してもらうため、仲介役万里小《までのこう》路《じ》大納言にこの件を依頼する。(23) このように、福岡藩では、背振山信仰との関係の証明に奔走するのである。

　一方、佐賀藩では、龍造寺氏より、一家臣であった鍋島氏への家督・藩主交代という特異な歴史過程があった。鍋島氏は龍造寺氏よりの家督継承を正当化する一つの手段として、龍造寺氏の帰依した背振山信仰を利用した。(24) 下宮修学院は佐賀藩の藩祖鍋島直茂が背振山中宮霊仙寺水上坊仁周に建立させたもので、直茂の子勝茂（佐賀藩初代藩主）もまたこの修学院を外護し、幕府の公式儀礼(25)をも行った。このような信仰のもと佐賀藩の国絵図には上宮嶽と弁財天が記載されたのである。

おわりに

　本稿では、脊振弁財嶽国境争論に内在するものを検証するために、裁許状を取り上げ、その勝敗の鍵となった国絵図について考察した。

　まず、この争論の論所となったのは、先に述べたように、背振山を含む南山麓の同一場所である二重平（筑前側呼称）・笹平（肥前側呼称）の所有であった。そして、この論所には、近世初期の国・藩境争論にみる、特別な経済的用益は見当たらなかった。つまり、この争論は近

脊振山頂上の上宮弁財天堂（石窟殿）と
弁財天像（現在，一年に一度御開帳）

世初期の一般的な国・藩境争論とは性格を異にしていた。その勝敗を決定づけたのは、正保期幕府提出の国絵図における背振山（上宮嶽）と、そこで祀られている弁財天の記載の有無であった。その上宮嶽及び弁財天とは、背振山信仰における上宮を意味していた。

以上から、この争論の解決過程の背景には、背振山信仰という地域信仰が内在していたとみるべきだろう。その鍵となった背振山信仰は先述したように、鎌倉・室町時代には、筑前国脇山にあった背振山上宮東門寺を中心として筑肥一山組織を形成し、寺領は筑前国や肥前国をはじめ筑後にまで及んでいた。しかし、南北朝以降の戦乱の後、上宮東門寺の坊舎は焼失し、寺領は没収され衰微する。福岡藩では、近世に入り、中世からの一部の宗教の非連続性（断絶性）を産んだ。その中に、背振山上宮東門寺も含まれていたのである。

一方、佐賀藩鍋島氏には宗教の側面において、龍造寺氏が帰依していた背振山信仰を継承することで、藩内で鍋島氏に距離を置く龍造寺系の家臣や領民を懐柔しようとする心算があったと考える。[26]

この争論の領域の確定には、信仰が大きな意味をもっていた。福岡藩と佐賀藩両領主（藩主）の、中世から近世にかけての信仰（宗教）の継続か断絶かが、争論の勝敗を決め、領主支配における領域を決定した。

この脊振弁財嶽国境争論は、近世初期、幕府にまで提訴された国・藩境争論の中で、国絵図からも示されるように、論所の境界を決定づけたものが信仰に依拠するという稀有な争論であったといえよう。

注

（1）小早川欣吾『近世民事訴訟制度の研究』（有斐閣、一九五七年）四八三～八八ページ。

（2）丹羽邦男氏は、「山野河海」は大名旗本に授けた知行の外にあって、公儀＝幕府が支配という観念があるものの、現実的には個別領主の抵抗により理念が貫徹できない場合があったとしている。同氏「近世における山野河海の所有・支配と明治の変革」（朝尾直弘他編『日本の社会史 第2巻 境界領域と交通』岩波書店、一九八七年、一九二ページ）。

（3）近世の国境争論での公訴における幕府対応の解釈においては、次のような先行研究がある。例えば、大森映子氏は「元禄期に於ける備讃国境争論」（『史艸』第二三号、日本女子大学史学研究会、一九八二年、二五・二六ページ）の中で、備前・讃岐両国の国境に位置する島の一つ、石島（井島）をめぐる論争では、「他領他支配に関する訴えは、原則として幕府評定所一座の合議裁判」が適用されたとした。この合議裁判を明確に論じたのが、丹羽邦男氏で、氏は、「近世における山野河海の所有・支配と明治の変革」（朝尾直弘他編『日本の社会史 第2巻 境界領域と交通』岩波書店、一九八七年、一八二ページ）の中で、「宇和島・土佐藩の沖の島・篠山をめぐる藩境争論」は、幕府の姿勢に転換が生じていることを示しているとした。つまり幕府はこの争論を大名間の争いではなく、所領を異にする村と村の争いと捉え、その上で幕府は仲裁的立場を捨て、検使を派遣して、実地見分の上、裁決を下し、公儀の土地をめぐる公儀の百姓の争いに対して公儀が裁定するという幕藩体制の原則が明らかにされたとした。また、高木昭作氏は『日本近世国家史の研究』（岩波書店、一九九〇年、三七〜四一ページ）の中で、三つの国境争論を取り上げ、これらは百姓を表にたてた藩相互の争いと解釈した。そこで、杉本史子氏は『領域支配の展開と近世』（山川出版社、一九九九年、一八・一九ページ及び第三章）中で、先の「宇和島・土佐藩の沖の島・篠山をめぐる藩境争論」を取り上げ、土佐藩主の山内忠義は藩主自らの提訴による「直公事」を願ったが、老中松平伊豆守信綱は、「このような境論を「『直公事』とすることは御法度の御大法で、秀忠以来、公事は『直公事』ではなく『百姓公事』にする原則」と述べたことを指摘した。これより公訴の形態は幕府指導のもと、一般的に「百姓公事」となったと解釈される。

（4）「背」と「脊」の使い分けについて、佐賀県脊振村及び東脊振村の地名には「脊」が使われているが、一般的には「背」が用いられることも多い。本稿のタイトルは、地域名に準じ「脊」を用い、それ以外は「背」で表記した。参考文献及び引用史料の場合は、そこで使われている表記に従った。

（5）福岡藩側には、編纂史料として、「黒田新続家譜 巻之十一」（川添昭二校訂『新訂黒田家譜』第三巻、文献出版、一九八四年）と「馬奈木文書」がある。「馬奈木文書」は「脇山庄屋馬奈木次兵衛記録」とも称され、編纂者は不詳である。この文書は三部からなり、一部が天和年間から元禄元年末までの背振山をめぐる紛争初期の実情を記し、残りの一部が幕府への提訴状の写しである。この文書は秀村選三監修『筑肥国境脊振山争論文書』（「地域史資料叢書」第一輯、九州大学出版会、二〇〇一年）として刊行されている。

(6) 佐賀藩はこの国境争論の一部始終を「肥前背振辨財嶽境論御記録・附録」に記録した。この史料は争論解決の翌年の元禄七年に書かれたもので、編纂史料とはいえ史料としての信憑性はかなり高い。全部で十四冊あり、現在佐賀県立図書館に収蔵。本稿ではこれに拠った。以下「御記録・附録」と略記する。

(7) 「御記録・附録」六より。句読点及び( )は引用者による。

(8) 背振山は標高一〇五五メートルで、福岡市早良区と佐賀県神埼郡脊振村との境にあり、古来より聖山として信仰を集める。文献上の初見は『三代実録』で、貞観十二(八七〇)年に「背布利神」の名前が出てくる。頂上には水の神様である弁財天が祀られ、背振山信仰として栄え、鎌倉時代には、政所職が肥前側にあっただけでなく、筑前国脇山に現地支配機関として上宮東門寺をおき、脇山院が直接支配を行い、筑肥一山組織で運営されていた。戦国時代以前の背振山信仰は上宮を東門寺、中宮を霊仙寺、下宮を積翠寺と総称していた。しかし、南北朝以降の戦乱で衰微する。その復興は近世に入り、中宮霊仙寺水上坊仁周と五戒坊玄純によってなされる。近世においては、上宮は弁財天、中宮は霊仙寺、下宮は修学院となる。

(9) 国絵図関係の先行研究は多数あり、ここでは主に、福井保『江戸幕府編纂物』解説編(雄松堂、一九八三年)、川村博忠『江戸幕府撰国絵図の研究』(古今書院、一九八四年)、同氏『国絵図』(日本歴史叢書一四、吉川弘文館、一九九〇年)、杉本史子「国絵図」(朝尾直弘・網野善彦・石井進・鹿野政直・早川庄八・安丸良夫編『岩波講座日本通史 第12巻近世2』岩波書店、一九九四年)、同『領域支配の展開と近世』(山川出版社、一九九九年)などを参考とした。また、正保期の肥前国絵図に関しては、福岡博「徳川幕府命令によって作成した国絵図の研究―特に肥前国絵図を中心として―」(『教育佐賀』第一一三号、佐賀県教育委員会、一九六一年)、川村博忠「正保肥前国絵図の作成経緯について」(『佐世保工業高等専門学校研究報告』第一〇号、一九七三年)などを参考とした。

(10) 同前注、川村博忠『江戸幕府撰国絵図の研究』五一五ページ。

(11) 「総合福岡藩年表」(『福岡縣史資料』第二輯、名著出版、一九七二年、一七〇ページ)。

(12) 「勝茂公譜考補」十中(『佐賀県近世史料』第一編第二巻、七一八ページ)。以下「勝茂公譜考補」十中(『近世』一の二、七一八ページ)のように略記する。

(13) 正保三年「御国中絵図控」(「黒田家資料」福岡市博物館蔵)三六六×四〇四センチ。

(14) 天和二年「御国絵図」(「廣瀬文庫」国立大学法人九州大学附属図書館蔵)三六九×四四一センチ。請求番号六八〇/オ/一四。宮崎克則「九大附属図書館にある天和二年(一六八二)『御国絵図』の来歴について」(『市史研究ふくおか』第二号、福岡市博物館市史編纂室、二〇〇七年）によると、氏は「この絵図は幕府の命によって作成された絵図ではなく、正保筑前国絵図〔引用者注：正保三年「御国中絵図控」〕の約四十年後に福岡藩独自に作成したもので、正保筑前国絵図に類似している」と指摘している。

(15) 正保四年「肥前一国絵図」（郷土3、鍋島報效会蔵、佐賀県立図書館寄託）四三五×四九六センチ。

(16) この正保四年「肥前一国絵図」作成過程は、前掲注（9）川村博忠「正保肥前国絵図の作成経緯について」に詳しい。しかし、この正保四年「肥前一国絵図」は上呈図の控そのものではなかった。川村前掲書『江戸幕府撰国絵図の研究』（一七四〜七六ページ）も指摘しているが、幕府官庫に保管されていた正保度の上呈図は明暦の大火で焼失したため、幕府の求めで佐賀藩は、自国にある上呈図控の写図を再提出していた。そのことがわかるのは、「吉茂公御年譜」六（『近世』一の四、二五七・五八ページ）である。これによると、佐賀藩は、享保十一（一七二六）年三月、佐賀城の火災で、控として保管していた幕府への上呈の肥前国絵図を焼失する。このため同藩では同年十月に幕府に願い出て、新・古の肥前国絵図（正保と元禄の国絵図）を借り出しそれを写し取った。しかし、この幕府より借り出した正保の国絵図は、正保期に提出された国絵図そのものではなかった。江戸の明暦大火で焼失していたため、幕府の要請により、佐賀藩が佐賀藩控の国絵図を写し、再度提出したものであった（年代と藩主名の相違に鍋島宗茂が気が付く）。つまり、自国の控を写し再度幕府に提出した正保四年「肥前一国絵図」を、また幕府から拝借し、再度写すという経緯があったと思われる。そうすると、明暦の大火後、正保の国絵図は、全国的に再提出させられたと考えられる。前掲注（9）福井保『江戸幕府編纂物』において、氏は、この明暦の大火における幕府所蔵の全国の正保期の国絵図の焼失には触れてはいないが、「この正保期の国絵図上呈時期が定かでなく、明暦年中に完納」としているのは、そのためではないかと考える。

(17)『東脊振村史』（東脊振村、一九八二年）二七三ページ。

(18) 霊仙寺とは寺名ではなく、東脊振村字九瀬谷一円のことで、当時、多数の坊院がありこの一体を霊仙寺といった。現佐賀県神埼郡東脊振村。霊仙寺跡付近は栄西が宋から持ち帰った茶種を播き、「日本最初之茶樹所」といわれている。

(19) 修学院は現佐賀県神埼郡東脊振村。

(20) 勝茂の妻高源院は徳川家康養女（岡部内膳正長盛の娘）であったことから、家康より豊後国日田に一千石の化粧田を給わっていた。

(21)「勝茂公譜考補」十中（『近世』一の二、七一七・一八ページ）。

(22) 多久家文書二三九号（『佐賀県史料集成』古文書編第八巻）。

(23) 拙稿「近世領主の『国境』認識――黒田・鍋島の脊振弁財嶽国境争論から」（『比較社会文化研究』第二四号、九州大学大学院比較社会文化学府、二〇〇八年）。

（24）拙稿「地域信仰と領域認識――脊振弁財嶽国境争論にみる背振山信仰と鍋島氏」（九州大学比較社会文化学府修士論文、二〇〇六年）第三章。例えば、鍋島氏は、龍造寺氏が帰依していた千栗山《ちりくさん》信仰を継続し（千栗山妙覚院は背振山中宮霊仙寺五戒坊玄純によって再興）、東照社を千栗山と背振山に勧請し、そして、龍造寺氏より行われていた天台宗僧による万部執行《まんぶしぎょう》を継承していく。

（25）江戸にいた勝茂は、大猷院（徳川家光）の七年忌を佐賀藩で行う旨の指示を佐賀藩上級家臣四人宛に出している（「多久家文書」三九八号〔『佐賀県史料集成』古文書編第九巻〕）。

（26）同前注、拙稿。

【付記】本稿執筆にあたり、九州大学大学院高野信治先生や他の先生方のご教示をはじめ、国絵図については西南大学大学院宮崎克則先生のご厚意を賜りました。さらに、多久古文書村片倉日龍雄様、九州大学大学院の皆様方に多くのご厚意を賜りました。また、絵図の掲載手続きについては石瀧豊美会長にご面倒をおかけいたしました。ここに深くお礼申し上げます。

秋月街道「古八丁越」をめぐる諸問題（上）

江戸期における利用と規制を中心として

福島日出海《ふくしまひでみ》

はじめに

古八丁越《こはっちょうごえ》(1)とは、一般に周知されている秋月街道(2)の一部に相当し、寛永年間の新八丁越開削以前は、八丁越あるいは八丁坂と称され、旧嘉麻郡千手《せんず》町の宿駅と秋月の城下を結ぶ峠越えの道で、秋月街道の全行程中最も険しい難所とされた。

その後、八丁越は新八丁越の開削により古八丁越と称され、明治の終わり頃には、新に旧八丁(3)という記述が地図などに見られる。そのため地元も含め日常的には旧八丁と呼ばれることが多い。

寛永以来、往還として利用された新八丁越は、現在、残念ながら途中が失われてしまったが、古八丁越は一部欠落する場所があるものの、旧来の姿をよく留めており、石畳の美しい峠道として注目を集めている。

この風情あふれる古道の歴史を紐解くと、江戸時代において寛永・正徳・文久と三回にわたって通行規制が行われたが、中でも正徳元（一七一一）年の規制後は通行止めが徹底されたようである。

今日、峠道を登ると急斜面の全体にくまなく石畳が敷かれていたようすがうかがえるのである。明治五（一八七二）年から十三（一八八〇）年にかけて編纂された『福岡縣地理全誌』によれば、新八丁の往還を越すものはほとんどなく、みんな古八丁越を利用していると記されている。このことから、明治初期には古八丁越の通行が可能となり、江戸期の大半が通行止めとなっていた道にしては、通行解禁の直後に盛んとなった往来に即応できるだけの管理が行われていたことに気付く。

そして、何より人々の往来が自然と古八丁越に移行したことから、峠越えの道として新八丁越に優る利便性を備えていたことが想定されるのである。

しかしながら、寛永から幕末にかけ塞がれていた古八丁越が、道としてどのように機能し取り扱われてきたのかは今日まで不明といわざるを得ない。

そこで、古八丁越をめぐりその利用の上限、古八丁越から新八丁越への移行、正徳元年の通行規制と背景、古八丁越の石畳の問題、幕末の開道と閉鎖など様々な問題をできる限り提示しながら考察したいと考える。

一　江戸期以前の利用と時期

天正十五（一五八七）年豊臣秀吉の軍勢は、四月一日現田川郡添田町の岩石城を攻略し、翌二日には大熊（大隈町）に着陣する。四月三日には秋月種実・種長父子の降伏をもって秋月氏の攻略を終え、四日に秋月の荒平城に入城する。この行程は、天正期の『九州御動座記』に記されている。

（史料一）

四月四日　秀吉公以大隈城被預早川主馬助、以浅野弾正少弼、生駒雅楽頭、木村常陸介、為先手、自大隈越八丁坂、入夜須郡秋月、（略）種長為古所山道之案内者給、此時肥前国住人畑参河守信時於八丁坂蛇渕待受秀吉公自岩陰[4]（略）

当史料によれば秀吉軍は、秋月種長の案内で大隈町から大力村の蛇渕を通り、古八丁の峠道を越えて夜須郡の秋月に入ったことが分かる。

（史料二）

（略）如水（黒田）はそれより筑前に入、八町坂をこえ、秋月と言所に着給ふ。[5]

慶長五（一六〇〇）年、如水は豊前から筑前に入り八丁坂（古八丁越）を通って久留米城へと進軍した。

（史料三）

路次之儀、道も近く候間、秋月通能候ハんと存候、但其元可然談合尤候

慶長五年（推定）、肥前佐賀藩主鍋島勝茂が国許に送った書状によれば、赤間関にいる病気のわが子伊勢松（二歳）の身を案じたもので秋月を通る秋月通（古八丁越）を近道としている。[6]

以上は、いずれも戦略上あるいは緊急時の対応であるが、古八丁越は、豊前・筑前と筑後・肥前・肥後・薩摩を結ぶ内陸道として、迅速かつ大軍を移動させるのに好都合の通路であったと考えられ、八丁（町）越以外にも八丁（町）坂や秋月通という呼称があったことが分かる。

(史料四)

豊後勢以ての外大崩れして、芥田千手へ引もあり。甘水、長谷山を打通り[7](略)

永禄十(一五六七)年に秋月・毛利の軍勢と大友の軍勢が争った「休松夜軍」において、秋月軍が大友軍に夜襲をかけ大友軍を敗走させたとある。

(史料五)

豊後三将甘木・長谷山間七度鑓合戦(略)以て外ニ大崩シテ、或ハ千手・大隈ニ引クモアリ(略)九州記四巻ニアリ[8]

いずれの記述もこの合戦の勝敗により、大友軍が古八丁越を通って千手から芥田、大隈へと敗走し、嘉麻郡方面に退却するようすがうかがえよう。

以上のことから、古八丁越の峠道利用については、慶長・天正・永禄まで遡ることが可能と考えられる。

(史料六)

是より守護所陶中務少輔弘詮の館に至り(略)折ふし千手治部少輔、杉次郎右衛門尉弘相など有て、一折あり(略)十六日、杉の弘相の知所長尾といふに行[9]

これは、あくまで可能性という条件付ではあるが、文明十二(一四八〇)年に大内政弘の招請により、宗祇の九州下向が実現して赤間ケ関を越え筑前の木屋瀬にある陶弘詮の館で連歌興行がなされた。翌日は、杉弘相の所領である上穂波の長尾に移動し連歌興行がなされ、その後、米山越から大宰府に入っている。

宗祇が陶弘詮の館に到着した際、そこには、杉次郎右衛門尉弘相と千手治部少輔二名の名が記されている。そこから先は、木屋瀬→上穂波長尾→米山越→大宰府の道順となるが、ただし、戦乱の時代であれば、米山越が通行できなかった場合の腹案として、千手治部少輔の領内(嘉麻郡千手)から古八丁越を通り、秋月氏の領内(夜須郡秋月)を経由して大宰府に向かう道順が考慮されていたとも考えられよう。

千手と秋月両氏は、建武四(一三三七)年に南朝方としてともに軍事行動を行っており[10]、大内氏の筑前・豊前支配期には、筑前衆として名を連ねていた[11]。

大内氏は、寛正二(一四六一)年の教弘の時代に、支配下の国々に所在する各郡へ至る使節の所要日数と飛脚などによる返書の日数を定めており、それぞれの通行路を把握していたものと考えられる[12]。

ちなみに、嘉麻郡は使節の所要日数四日、返書までに十三日を要し、上座・下座は六日・十七日と記されている。三笠郡が五日・十五日であり、日数上は三笠郡より嘉麻郡経由が速いようで、嘉麻郡と上座・下座両郡を結ぶ古八丁越を主要な通行路として利用した可能性は高い。

江戸期以前の利用については、永禄年間に遡り、不確実ながらも大内氏が支配する十五世紀後半頃にはその可能性が求められる。さらに、千手氏と秋月氏との関係が建武四（一三三七）年には成立していたと判断されることから、両者の軍事活動、情報や物流のラインとして古八丁越が活用された可能性も十分に考えられよう[13]。

二　古八丁越から新八丁越への移行

①諸大名の利用（参勤交代の例）

古八丁越を利用した大名は、肥前佐賀藩主鍋島、筑後久留米藩主有馬、筑後柳川藩主立花、肥後熊本藩主細川などである[14]。

元和三（一六一七）年に柳川藩主の田中忠政が利用。

慶長五（一六〇〇）年黒田藩の筑前移封に伴い、細川藩は豊前中津に赴任したが、黒田は慣例に反しその年の年貢を収納して転封したため、細川はその返還を求めた。しかし、黒田が応じなかったため、今度は細川が関門海峡で黒田の上方への船を差し押さえようとしたことから、一触即発の危機を迎えるが合戦には至らなかった[15]。

それ以来、両者は潜在的な敵対関係にあり、黒田六端城の五城までが、豊前との国境付近に築城された[16]。

その後、細川は肥後に転封するが黒田との確執は元文元年（一七三六）まで続いたとされている[17]。


（史料七）

家臣足軽の司安倍惣左衛門一任に命じて、古八町の道をふさき、新に道を切開かしむ。翌年に至て其功なれり[18]。


寛永元（一六二三）年秋月藩主となった黒田長興は、寛永七（一六三〇）年それまで、八丁越などと称された峠道に対し、「秋月の城郭内を貫通する故一には此れを避け一には旅人の難を軽くせんが為め」という理由をもって新に八丁越の開削を行った。その結果、古道（古八丁越）は塞がれ、諸大名をはじめ一般の通行は、新八丁越（八丁越と称する）を使用することとなった。


（史料八）

今年ハ光茂公始ノ御通路故、御吉例ニ任セラレ、秋月通ヲ御越ナリ[19]

承応元（一六五二）年鍋島が新八丁越を通行しており、しかも、それが「御吉例」となっていたと記している。

御吉例とは、寛永の頃黒田と不和となった鍋島が、秋月通（新八丁越）を利用していたが、寛永十四（一六三七）年の島原の乱出陣の後、江戸から帰国の際に新八丁越を通行したことから、それが吉例となったと考えられている。

承応三（一六五四）年にも通行したが、寛文十二（一六七二）年綱茂の初入国の際には「御吉例」により新八丁越を通行予定であったが、急遽、黒田光之との対面の予定が入ったため、また、宝永五（一七〇八）年吉茂の初入国の際にも、黒田綱政と会うために新八丁越ではなく冷水越を利用している。鍋島の冷水越利用は、いずれも黒田との対面のためで、自らの選択ではない。その証しとして享保元（一七一六）年には、吉茂と宗茂が帰国する際に、宗茂が新八丁越を通行している。

久留米藩の有馬は、寛文十二（一六七二）年頼元が初入国の際に新八丁越を利用している。また、延宝六（一六七八）年に至っても利用し続けているのは、やはり、黒田との不和が生じたためであった。それが和解されるのは、元禄十五（一七〇三）年のことで、そのあたりから冷水越へと移ることとなる。

以上のように、九州諸大名のいくつかは黒田藩との確執あるいは藩の吉例といった理由により、古八丁越から新八丁越へと移行しながら、概ね元禄・宝永あたりまで利用している。特に、鍋島藩は享保元年に至るまでその利用を続けた[20]。

②秋月藩主の利用

地元の秋月藩歴代藩主の参勤交代は、通常、白坂越が利用されており、都合で通行できない場合に限り新八丁越が利用された。

（史料九）

殿様御入部、子六月廿七日黒崎御宿船供水（ママ）▩二夜同所御滞宿被遊、同廿九日飯塚宿御泊り、翌朔日戸井川大水ニ付き、千手町通り被遊、同夕千手町御泊り同二日入館遊候[21]

宝暦六（一七五六）年、洪水により嘉穂郡桂川町の戸井の川が越えられなかったため、千手町に宿泊の後、入館したとある。千手町から秋月へは新八丁越を利用したものと考えられる。藩主の参勤交代における新八丁越利用とは、このような緊急時の対応であった。

しかし、藩主が秋月城館に滞在し、領内の御巡見（嘉麻郡廻り）の際には、千手町から新八丁越を経由して帰城するということが一般的であった。

（史料一〇）　長軌

十二月五日御郡廻、江川とふの瀬御昼休、馬見村御泊座、六日西郷・平山・旧井通、千手町御泊座、七日八丁越、下淵村御休、小田村御泊座、八日御帰城[22]

当史料は、正徳三（一七一三）年千手町から新八丁越で下淵村に立寄り、小田村で宿泊の後に帰城したとある。

（史料一一）　長邦

一十一月八日御領中御巡見被遊候　御者頭記録

（史料一二）　長邦

一御入部年宝暦六年同冬御領内被為遊御巡見ニ付西郷
　村傳兵衛宅御泊ニ相成候

一十一月十五日千手町夜御茶屋被遊　御発駕（略）

一翌十七日夜御茶屋泊遊、御帰館作事[23]（略）

史料一一「秋城御年譜」と史料一二「坂口家文書」には、それぞれ宝暦六（一七五六）年長邦が嘉麻郡を巡見した記載があり、千手町御茶屋から十一月十八日に帰城しており、これも新八丁越の利用例である。

③藩関連の利用

（史料一三）

一四月嘉摩大力村御茶屋御普請初ル
東畑記録ニ云、大力村御茶屋丑四月頃ヨリ御取付被成
（略）正月晦日ニ、御移徙被遊候、御茶屋奉行ハ坂本
義兵衛殿、卯之春御出被成候[24]

当史料は、元禄十（一六九八）年嘉麻郡大力村御茶屋の普請がはじまり、門・台所・風呂・居間が次々と完成し、御茶屋奉行が御出になったことが記されている。

（史料一四）

一正月晦日大力村御茶屋御普請成就御移徙之式有

（史料一五）

一此年御舞台・大力村御茶屋等年内ニ被成御解

元禄十二（一七〇〇）年正月晦日には、大力村御茶屋御普請成就御移徙之式が挙行されるが、正徳元（一七一一）年には大力村御茶屋が解体されてしまう[25]。ただし、その普請から完成、解体に至るまで、資材や調度品の運搬から関係者の往来に際しては新八丁越の利用がなされたであろう。

（史料一六）

寛延四年未八月十八日、御茶屋御子様方千手町御茶屋
ニ御入被遊候、同日四つ時御着（略）其外御供女郎衆
御大勢被出ニ御座候
一同廿日朝六つ時御発駕御帰被遊候事[24]

寛延四（一八五二）年千手町の御茶屋に、藩主の御子たちが訪れ二泊の後帰城するが、これも格別道の記載はないものの、通常の道として新八丁越を利用したと考えられる。

④一般の利用

（史料一七）

人馬問屋幷馬追人足心得之事
一秋月・野町・千手町馬追幷ニ人足共、前々ヨリ旅人

へ対シ無法之酒銭等申懸、大ニ迷惑致由風聞有之候間

（略）

附り秋月・千手町之人足・馬追共、多クハ八丁峠ニテねだり、酒代不遣候ヘバ立上り不申候故、旅人大ニ迷惑の由[27]（略）

新八丁越を往来する旅人に、以前から悪事を働く人足などがいたのを、藩主自らがこの問題に取り組み、解決に導いたことが記されている。また、当史料中には薩州の武士も登場することから、他国の武士階級も含め、旅人は、新八丁越を往来していたことが分かる。

⑤藩内居住者の利用

藩内居住者については、新八丁越開削により「それまでの八丁越は杖捨峠（古八丁越）と呼ばれ、地元民以外の通行は禁じられた[28]」との考えがある。

その背景には、正徳元（一七一一）年に秋月藩より古八丁の道に対する人馬の通行止めが出されたことにより、寛永期に塞がれたはずの古八丁越が、正徳期に再び通行止めにされたことから、正徳以前の通行は可能であったろう。また、江戸後期の秋月封内図[29]に道として記載されていることから、正徳の通行止めの後も、地元の領民は通行できたであろうという推測である。

そこで、史料を通じ実状を探ってみよう。

（史料一八）

宝暦九年卯七月三日、紺屋九吉親久次筑後ニあい買ニ参帰り、秋月ニ而八丁口御番所ニ立寄り大物申ニ付、石原口迄送り遣被置候所[30]（略）

当史料は、宝暦九（一七六〇）年才田村の紺屋久吉の父久次が筑後に藍を買い付けに行ったが、その帰りに八丁口の番所に行って、とやかく文句をつけたので、石原口まで送ったという記載である。

当人は、嘉麻郡才田村在住の領民であるが、八丁口から石原口とは新八丁越に向かう道で、古八丁越は通行していない。

（史料一九）

一十月十八日八丁峠ニ而牛、主人をほぐり殺候に付、今日死罪[31]

弘化三（一八四七）年に、八丁峠で牛が主人を突き殺すという事件が起こっており、後日牛は死罪となっている。亡くなったのは領民の可能性が高く、やはり新八丁越を利用していた。

以上の例は一部に過ぎないが、諸大名から武士、地元の領民も含めた一般の通行人に至るまで新八丁越開削後は、基本的に新八丁越を利用していたことが分かる。

三　正徳元年の通行規制と背景

（史料二〇）

正徳元年ニ古八丁の道人馬通路止と云古記にあり。其頃迄ハ新古共に通路とせしにや。寛永七年ヨリ正徳元年迄八十年斗也

これは、天保五（一八三四）年平田胤富の『望春随筆』（秋月古文書講話会編『望春随筆』秋月郷土館資料集二、一九九六年）の一部で、その内容は、正徳元年に古八丁道における人馬の通行止めがなされたという記載を古記録中に見出し、寛永七年から正徳元年に至る間は、古・新両八丁の道が両者ともに通行可能だったのかという疑問を示した。

寛永七年に新八丁開削により古八丁が塞がれた点、また、胤富が知る江戸後期の状況から、古八丁の道は通行禁止のはずである。しかし、正徳に至って何故人馬の通行止めが出されたのか、本来、通行止めの道を新に通行止めにするということは、翻って考えれば、正徳以前の状況として古・新の両八丁越ともに通行可能だったのではないかという考えが浮かんだのであろう。

また、胤富の記載から江戸後期あたりには、少なくとも新八丁越のみが通行可能で、古八丁越は通行禁止となっていたことが分かる。

（史料二一）

古八丁道、当時、草刈中、開道ニ相成、又々以前之通御差留ニ相成候事[32]

当史料は、文久四（一八六四）年になり古八丁越の通行が許可されたため、草刈作業を行っていたが、事情により以前と同様に通行が差し止めになったと記されており、胤富の記載と考え合せるなら、正徳元年から文久四年までの一五三年間は、通行規制が徹底継続されたことになろう。

では、何のために通行規制を行ったのか、その背景から考察してみよう。

（史料二二）

八反田津出仕法覚

一山見・田代・上秋月・右村々ハ秋月通行可仕候

一甘水・千水（手）・始メ下村々、秋月ニ而は行程遠く候間、甘水谷通行可仕候

一甘水谷只今之道ニ而ハ通行相成かたく、道繕被仰付被下度候、凡夫六百人程も御座候ハヽ、先ヶ也ニ道作り出来可仕哉ニ奉存候、此出夫之所ハ何レヨリ召仕候而宜可有御座哉、御詮議被下度事

附り　年々道手入不仕候而ハ不相済儀ニ付、其時々出夫村村申談候得ハ、不行届儀も出来可申ニ付、下淵村・甘水村是迄受持往還手入御免被下、其代りニ甘水谷道引切請持被仰付被下度候、右両村是迄往還受持之所ハ、外村増割受取之儀出来可仕与奉存候

一甘水谷道筋旅人通行仕候様ニ共相成候而ハ、宿駅之支障ニも相成、殊に間道之儀ニ付、旅人通行ハ不宜事ニ候間、砂土手往還筋之者江見ヶ〆被仰付置、尚又八久保之所ハ壱軒御建渡被下、郷足軽之内ヨリ兄弟別家仕度者も可有御座ニ付、望之者同所江出方被仰付被下候ハ、難有奉存候、罷出可申候、此郷足軽ヨリ津出馬・草切馬之外ハ、通行手堅ク差留候様被仰付可被下候

附り　八久保之所ニ開跡荒地ニ相成居候場所御座候而、追々打開仕候ハ、世話可仕奉存候[33]

当史料は、文政六（一八二三）年に、夜須方面の津出の米を碓井の八反田に運ぶ運搬経路について記されたもので、秋月城下より上の村々は、白坂越を使用し、城下より下の村々については、甘水谷道を通行するとしている。

しかし、甘水谷道筋は狭小であり、津出の米を運ぶには道を拡張する必要があること。道が完成しても手入れが必要で、地元の下淵村、甘水村が受け持つ往還の手入を休止し、拡張した甘水谷道の管理に従事させ、今までの往還手入れの分は他村に任せるようにとのことである。

重要な点は、拡張した道を一般の旅人が通行すれば、宿駅への支障となり、それが間道（往還に対して）であるならばなおさら宜しくないとしていることである。

当時、宿駅は往還沿いにあり、そこに旅人などが集中すれば各宿駅が利用され、藩の財政も潤うが、いくつもある間道を自由に往来すれば、宿駅の利用は減少し藩の財政にも影響が及ぶことになる。

（史料一三）

（略）秋月城下ヨリ久留米・柳川街道、往古西国諸大名此筋御通路、甘木御茶屋柳川・立花様御泊、宝永年中以後此筋大名通路相止、御茶屋其後引ル[34]（略）

当史料は、黒田本藩領の甘木にあった御茶屋が差止めとなった原因を記したもので、宝永年間頃に鍋島、有馬、立花、細川といった諸大名の通行が途絶えたことによると記されている。

（史料一四）

覚

一甘木宿町茶屋御止メ被為遊、一式御払被遊候通　奉承知候[33]（略）

甘木の御茶屋が差し止めとなったのは、寛延四（一七五一）年のことで、諸大名の往来が止んでしばらくして

のことである。

黒田本藩領の甘木は、秋月藩領内に飛地的に位置しており、日田・秋月両街道が交差し、宿駅として栄えた。当御茶屋は黒田忠之の命により建てられ、以後、御茶屋として存続し、細川・立花をはじめ九州の諸大名が利用した。また、当町は財力のある商人も輩出しており、秋月藩の財政を大きく左右していた。

このような財力と地の利を得た甘木であったが、諸大名の通行がなくなったことから、御茶屋を引かざるを得なかった状況がうかがい知れるとともに、その影響は当然秋月藩にも及んだものと考えられる。

（史料二五）

一此年御舞台・大力村茶屋等年内ニ被成御解[36]

（史料二六）

一古賀孫右衛門殿御代官役御理り被仰上候ニ付、正徳元年七月十九日御免被仰付、同二十日早々秋月へ御引越被成候、尤兼而御勤方不問、（略）当分逼塞被仰付候、右ニ付千手町御茶屋幷諸御道具当分御預り[37]（略）

当時の秋月藩領内にあたる嘉麻郡内には、隣接する大力村と千手町にそれぞれ御茶屋があったが、いずれも、古八丁越の通行止めと同じ年の正徳元（一七一一）年に、大力村の御茶屋は解体され、千手町の御茶屋も閉鎖状態になった。その要因は、（史料二三）の「宝永年中以後此筋大名通路相止」ということになろう。嘉麻郡の両御茶屋が先の状態に陥ったのは、やはり、経済基盤の弱い秋月藩が即座にその影響を受けたものと考えられる。その後、再び千手町に御茶屋が設けられるのは、奇しくも甘木の御茶屋が解かれた、寛延四（一七五一）年のことであった。

新八丁越を通行する諸大名が途絶えた影響は、直接秋月藩へと及び、即座に二軒の御茶屋を整理して経費などの削減を図った。影響は宿駅にも及び、それまでの諸大名中心の経営から一転、武士を含めた一般の往来者を中心客層とする経営へと変更を余儀なくされた。そして、何より藩の財政に多大な痛手をもたらしたことは明白である。

その後も、甘木においては、明和年中あたりに細川藩がたびたび通路（新八丁越）について尋ねているが、筑前や豊前に御茶屋がないため通行をあきらめている。

関連して、寛延四（一七五一）年に設けられた千手町の御茶屋が、明和七（一七七〇）年の千手町大火[38]により焼失したもようで、再建はその後もなされておらず、当時、細川藩のたびたびの尋ねに答えるべき御茶屋が一軒もなかったという件とは一致している。

（史料一七）

其節細川越中守様八丁通被遊、御宿被遊候節（略）立花飛驒守様ハ、毎々御泊り被遊（略）其上御通り之御大名様方御休泊御座候ニ付(39)

甘木御茶屋の利用は、細川氏をはじめ立花氏など甘木を通る諸大名は当御茶屋を利用しており、筑前側通行の際には八丁通（新八丁越）を利用していたことが分かる。

正徳以前は、諸大名が参勤交代を主として新八丁越を利用するため、秋月藩や藩内の宿駅は諸大名への依存度が大きく、さらなる増財の試みであろうか、嘉麻郡内の隣接する千手町と大力村の二カ所に御茶屋を構えている。藩としては、虚弱な財政基盤を支える力点として宿駅と御茶屋を利用する諸大名に主眼を置いたものと考えられる。そのため、一般の通行者については、それほど注意も払わず曖昧な対応が通例となっていたと考えられる。

本来、新八丁越開削の理由が「防衛上」のことであり、事実、その直後に島原の乱が勃発している。そのような当時の状況からして、閉鎖した古八丁越を通行することは当然厳禁であり、ある程度の時期までは厳しく取り締まられたであろう。

しかし、古八丁越を塞いで以降八十年の間に、幕藩体制の絶対的権力構造は不動となり、諸国はその傘下に治まったため他国に対する防衛の必要性は薄れ、古八丁越の閉鎖理由もまた曖昧となった。その一方で藩の財政重視の志向は、自ずと新八丁越を利用する諸大名に向くことになり、一般通行者への関心と規制が緩んだことで、一般の通行人は、利便性の高い古八丁越へと流れていったものと考えられる。

それでは、正徳元年の古八丁越通行の規制が敷かれた後、文久に至るまで百五十年以上もの間その効果を維持させた、監視の仕組について考えてみよう。

（史料一八）

（略）砂土手往還筋之者江見ヶ〆被仰付置、（略）郷足軽之内ヨリ兄弟別家仕度者も可有御座ニ付、望之者同所江出方被仰付被下候ハ、難有奉存候、罷出可申候、此郷足軽ヨリ津出馬・草切馬之外ハ、通行手堅ク差留候様被仰付可被下候(40)

当史料は史料一二の抜粋で、定められた往還（新八丁越か）以外の通行に対し、その監視体制が知れるものである。

方法として一つは、往還筋に住まうもの自身に直接旅人の通行を見張らせることである。もう一つは、郷足軽から分家の希望あるものに新築の家を用意して住まわせ、津出馬、草刈馬以外は、通行しないよう旅人も含め厳しく監視させるという役目を遂行させる旨を記している。

（史料二九）

生子養育御取起之事

流産ヲ強致吟味候ハバ、数多して罪人絶間敷、御仁政之御仁ニ可当、其段ハ如何と問人有之候間、其時ハ郷足軽を遣、其当人召捕縄を懸ケ、村役・組合之男女、村内之親族不残呼出[41]

郷足軽の役目に関しては、傍線部のように捕り方の役目も負っていることが分かる。したがって、郷足軽を配備するということは、必要に応じて捕り方の役目を果たすことであり、通行者に対する監視体制の強化を図ったものと考えられる。

（史料三〇）

郷御足軽中猟御免之面々名前左之通

榎谷四軒・檜谷二軒・古田二軒・宇土浦三軒・南河内一軒・古屋敷三軒・真名子二軒・巌（岩）骨二軒・長山二軒・高門二軒・大休一軒　嘉麻郡[42]

当史料は、文化十三（一八一六）年に鉄砲所持・使用を許されている郷足軽の所在と住いの軒数が記されている。これにより秋月藩領内のどこに、何軒配備されていたか分かるもので、古・新八丁越の嘉麻郡側の分岐点である巌（岩）骨には二軒、古八丁越の秋月側で野鳥村の上に位置する大休に一軒という配置がなされた。

（史料三一）

郷足軽五十株

首淵六・堀之内二・石ヶ谷三・黒岩六・鈴野三・灰ノ木二・牧之内一・高内二・八丁峠一・大休一・真那子二・古田三・宇土浦三・南河内一・檜ノ谷二・榎谷四・古ヤシキ四・岸（岩）骨二・永山二[43]

※一軒あたり一株

当史料は、文政四（一八二一）～五年のもので史料三〇の六、七年後に当たる。秋月藩内の郷足軽が一軒に一株を所持することから、軒数と捉えることも可能である。古八丁越では岸（岩）骨二軒、大休一軒と軒数はそのままである。また、新八丁越に関しては、嘉麻郡側の岸（岩）骨と新八丁越と白坂越の分岐点である高内に二軒、八丁峠に一軒が配備されていることも分かる。

（史料三二）

泉河内村　一　戸数　岸（岩）骨　弐軒　宝永年中新開地ニ作リ出ス。

東千手村　一　戸数　真那子二軒　寛文二年に新開地ニ作リ出ス。

古屋敷五軒　寛文九年に新開地ニ作リ出ス。[42]

当史料は、いずれも郷足軽の家屋と考えられ、おおよその建築年代が分かるものである。この記載によれば宝永年中に古・新八丁分岐点という重要地点の岸（岩）骨に二軒の家が建てられている。この時期は、諸大名の通行が途絶えた時期と重なっており、直後の正徳元年に古八丁越が人馬通路差し止めとなった。

ちなみに、古八丁越の秋月城下側においては、野鳥番所が設置されており大休の郷足軽配備とともに二重の構えをなしているが、嘉麻郡側には千手町の宿駅を過ぎると番所や関所がないため、古・新両八丁越の分岐点である岩骨の位置は重要であったと考えられる。

また、岩骨と大休の二カ所に郷足軽を配置すれば、古八丁越への監視体制の強化となる。また、史料三〇に登場する真那子、古田、檜ノ谷、榎谷などは、嘉麻郡の馬見方面と古八丁越をつなぐ唯一の間道筋の地域で、各所に郷足軽を配備することで、古八丁越への進入を防げる。加えて秋月城下の各番所をもってすれば、間道の通行は強固に規制され、新八丁越つまり宿駅のある往還に通行人を集中させる仕組が浮かび上がる。

（次号完結）

注

（1）寛永七（一六三〇）年の新八丁越開削により、八丁（町）越（坂）・秋月通と称された峠道は古八丁越となる。また、新八丁越が新に八丁越・秋月通と呼ばれるため、両者混同の恐れがあることから、ここでは新八丁越開削以前を含め、古八丁越、新八丁越の二つに絞って使用する。

（2）秋月街道という名称が適切かどうかは別として、ここでは、福岡県教育委員会『秋月街道』（福岡県文化財調査報告書第一九五集、二〇〇四年）の名称を使用する。

（3）古八丁越は、江戸時代の寛永期から明治後半くらいまで使用された名称であり、本論が江戸期を中心とすることから、ここでは古八丁越を使用する。

（4）『古本九州軍記』より。嘉穂郡役所編纂『嘉穂郡誌』（一九二四年）に抜粋あり。

（5）川添昭二他校訂『新訂黒田家譜 第一巻』（文献出版、一九八三年）。

（6）八丁通（秋月街道）という名称があり、古八丁越を通行するものである（福岡県教育委員会『秋月街道』福岡県文化財調査報告書第一九五集、二〇〇四年）。

（7）伊東尾四郎編『筑前国続風土記』（『福岡県史資料』続第四輯、名著出版、一九七三年）。

（8）甘木市史編纂委員会編「甘木根基」（『甘木市史資料』近世第五集、一九八四年）。

（9）「筑紫道記」（川添昭二編『嘉穂地方史』古代中世編、一九六八年）、川添昭二「二　宗祇の見た九州」（木村忠夫編『戦国大名論集七　九州大名の研究』吉川弘文館、一九八三年）。

（10）同前「筑紫道記」。
（11）同前「筑紫道記」、前出「二一　宗祇の見た九州」、また、近藤清石『大内氏実録』（マツノ書店、一九七四年）。その中に秋月氏と共に「筑前衆」とある。
（12）同前『大内氏実録』。
（13）前出「二一　宗祇の見た九州」。
（14）前出「勝茂公譜考補」（『秋月街道』）。
（15）梶原良則「黒田氏と細川氏」（『福岡県の歴史』山川出版社、一九九七年）、木島孝之『城郭の縄張り構造と大名権力』（九州大学出版会、二〇〇一年）。
（16）同前『城郭の縄張り構造と大名権力』。
（17）同前『城郭の縄張り構造と大名権力』の補註四～八は、黒田と細川の確執が詳細に分かる箇所を『綿考輯録』から引用しており、元文元（一七三六）年まで、その関係が続いたと考えられている。
（18）前出『筑前国続風土記』。
（19）・（20）前出『秋月街道』。
（21）・（22）甘木市史編纂委員会編「秋城御年譜」（『甘木市史資料』近世第一集、一九八三年）。
（23）「御国廻御泊始末諸事覚帳」（坂口家文書、写しは嘉麻市教育委員会蔵）。
（24）前出「秋城御年譜」。
（25）田代政栄「時代年表」（『秋月史考』秋月郷土館、一九七七年）。
（26）「年々萬覚帳」（田中家文書、写しは嘉麻市教育委員会蔵）。
（27）「餘楽斎手記」（『甘木市史資料』近世第二集、一九八三年）。
（28）甘木歴史資料館編『温故』三六号（一九九九年）。
（29）『福岡県史資料』第四輯付図。江戸後期（文化年間）に秋月藩士大蔵種周が中心となり作成した秋月藩領内図。
（30）前出「年々萬覚帳」。
（31）「木付日記　四」（『甘木市史資料』近世第一集、一九八三年）。
（32）「諸御用申談控帳」大庄屋役場、文久四（一八六四）年九月付（「桑野家文書」嘉麻市教育委員会蔵）。
（33）「御納方記録　一」（『甘木市史資料』近世第三集、一九八四年）。
（34）前出「甘木根基」。
（35）「播磨屋石田家」（『甘木市史資料』近世第五集、一九八四年）。
（36）前出「秋城御年譜」。
（37）・（38）前出「年々萬覚帳」。
（39）「先祖ヨリ覚書」（宗官家文書、『甘木市史資料』近世第五集、一九八四年）。
（40）・（41）前出「御納方記録　一」。
（42）「御領分中郷筒帳」秋月郷土館所蔵文書。
（43）「掌中秘記」（『甘木市史資料』近世第二集、一九八三年）。
（44）『郷村鑒帳《かがみちょう》』嘉麻郡　乾（秋月郷土館所蔵文書）。

■特集■峠・街道・宿場町③■

幕府役人の前原宿通行

文化八年朝鮮通信使応接のため寺社奉行脇坂中務大輔の対馬下向

前原宿の復元 Ⅲ

有《あり》田《た》和《かず》樹《き》

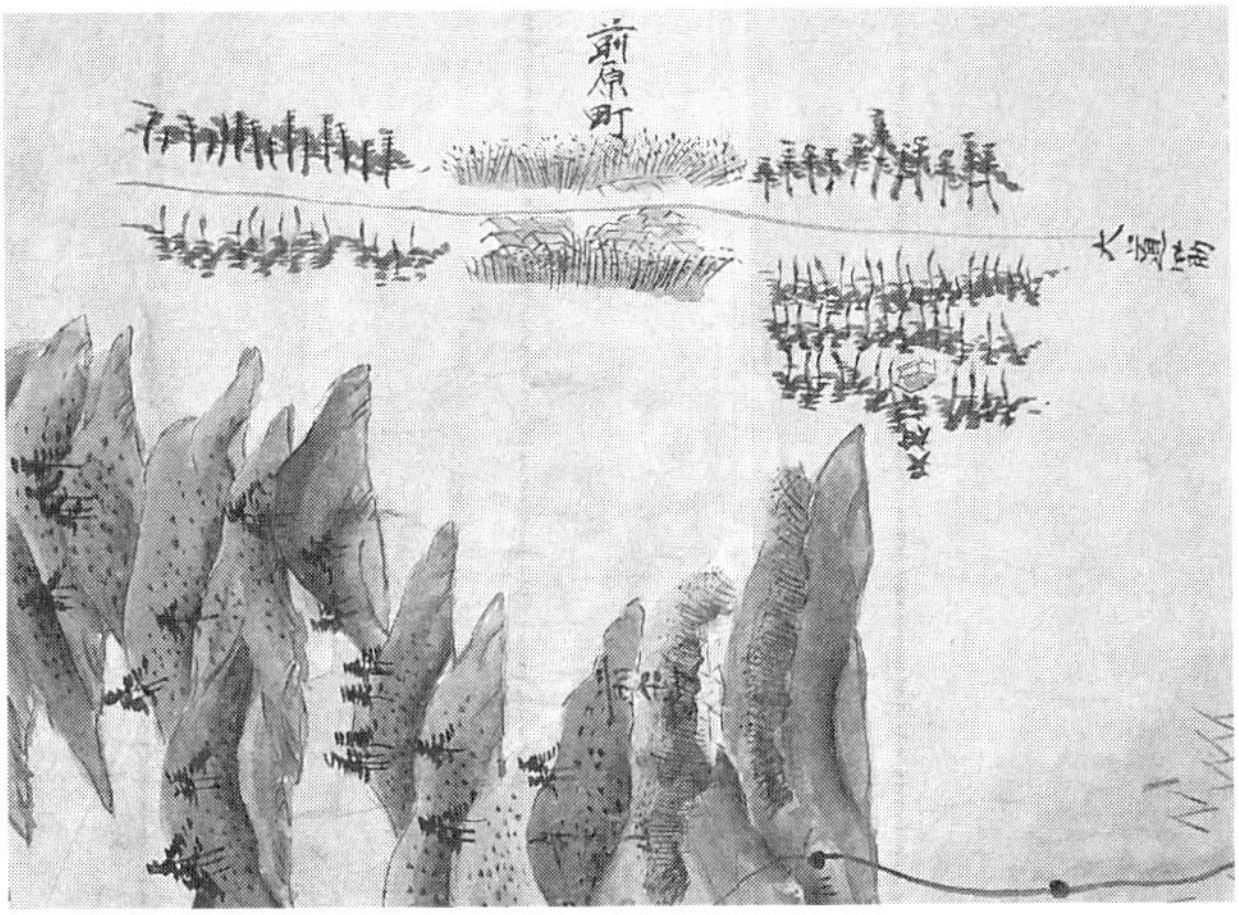

図1　前原宿絵図（糸島高等学校郷土博物館蔵）

はじめに

筑前福岡藩領の西端に位置した前原宿は、貞享二（一六八五）年の町立てと伝えられ、東西約四〇〇メートルの町筋には、福岡藩主の別館である御茶屋を中心に、わずか九十軒余りの民家が建ち並ぶ小さな田舎の宿場町であった（図1）。

この宿場を利用したのは、参勤交代のため一年ごとに江戸と唐津を往復する唐津藩主[1]の他、長崎警備や領内見廻りのために通行する福岡藩主が主で、それ以外は、平戸や大村、五島など九州西部の大名が稀に通行する程度であった。

幕府役人の通行は、九州の幕府領を管轄する日田郡代やその手代が、肥前松浦方面検見のため毎年通行する他、将軍の代替わりごとに派遣される諸国巡見使や、江戸時代初期は天草代官などが稀に通行する程度で、長崎奉行などの重要な幕府役人の通行はほとんどない静かな宿場町であった。

ところが、文化八（一八一一）年四月、将軍の代替りごとに来日し、江戸へ向かう朝鮮通信使の聘礼《へいれい》が、対馬で行われることになり、その応接のため、多くの幕府役人が前原宿を通行して対馬へ渡海することになった。

今回、前原宿を管轄する志摩郡御床《みとこ》触の大庄屋である鎌田家に保存されていた「文化八年未ノ四月七度目脇坂中務大輔様対州御下向前原宿記録」(2) から、前原宿を通行した幕府役人の一人である寺社奉行脇坂中務大輔が休憩したときの様子を読み取っていくこととする。

朝鮮通信使の来日

江戸幕府将軍の代替わりごとに祝賀使節として派遣される朝鮮通信使は、江戸時代を通じて十二回行われているが、十二回目となる最後の通信使来日は、江戸ではなく対馬で行われることになった。

天明七（一七八七）年、十一代将軍に徳川家斉が就任した。本来であれば早速朝鮮通信使の来日となるのだが、時の老中松平定信は、経費削減を目的として、その翌年に延期要請の使者を差し出し、これまでのように江戸ではなく対馬での招聘を打診した。そして、二十年後の文化八（一八一一）年にようやく対馬において易地聘礼が行われることに決定した。交渉から二十四年、前回の通信使から四十七年の歳月が経っていた。

早速幕府は、文化元（一八〇四）年に対馬藩主宗義功にその命を下し、老中筆頭の戸田采女正を来聘御用掛に任命し、寺社奉行の脇坂中務大輔、若年寄京極備中守、大目付井上美濃守、勘定奉行柳生主膳をその任にあたらせることとした。

そして、文化四（一八〇七）年、正式に「御使　小笠原伊予守忠固、差添御使　脇坂中務大輔安董」が任命され、文化八（一八一一）年に対馬へ渡航となったのである。

対馬下向の幕府役人

今回の朝鮮通信使来聘の事前打ち合わせのため、文化三（一八〇六）年から同八（一八一一）年にかけて多くの幕府役人が対馬へ渡航している（『黒田家譜』）。

文化三（一八〇六）年
・土屋帯刀（目付）・松山惣右衛門（勘定吟味役）
文化四（一八〇七）年
・久保田吉次郎（御勘定）
文化五（一八〇八）年
・真田源次郎（寺社奉行支配調役）・野沢半之丞（御勘定）
・星野鉄三郎（寺社奉行支配吟味物調役御勘定組頭格）
文化六（一八〇九）年
・遠山左衛門尉（御目付）・岡本忠次郎（御勘定）
文化七（一八一〇）年

・沢藤十郎（御勘定）

そして、文化八（一八一一）年になり、さらに多くの幕府役人が対馬へ渡航することになった[3]。

【対州江下向之衆名附】

文化八辛未年三月下旬、朝鮮人対州江来聘ニ付、為御用御下向、左之通

壱番

御目付　佐野肥後守
御勘定吟味役　松山惣左衛門
吟味役附役　中村七二郎
御徒御目付　平田寛蔵・高倉助蔵
吟味下役　土肥藤五郎
御普請役　名取嘉太夫・木村甚十郎・鈴木猪之助
御小人目付　三森円次郎・持田専吉・兼松仁右衛門
御徒士御目付　鈴木分左衛門
御小人目付　古沢半右衛門・小島東三郎・松原柳平

弐番　正月廿七日江戸御出立

大目付　井上美濃守
御勘定奉行　柳生主膳正
御勘定組頭　加藤宗兵衛
御勘定　岡本忠次郎・野沢半之丞・久保田吉次郎
御普請役　大橋重平・足立所左衛門・近藤弥太六・早川櫂之進
御小人目付　渡辺伝右衛門・岩藤亀三郎・持田登平

三番　二月七日江戸御出立

儒者　林大学頭述斎
御目付　遠山左衛門尉・古賀弥助（精里）・大塚伝蔵・男谷彦四郎・藤堂才助・林余四郎・小室源四郎・末吉左吉・小波常吉・小野伝左衛門・川村弥一兵衛・高橋幸五郎・平山唯次郎・金井甚作

四番　二月十五日江戸御出立

脇坂中務大輔様
脇坂様依先例太宰府御代参
肥前国名護屋より御渡船

五番

小笠原大膳大夫様
小笠原様御在所より直ニ対州江御渡船
右惣御人数、船方人数除之、陸地弐万五千三百人余ニ

御座候、以上
　未二月

実際には脇坂中務大輔は、二月二十八日に江戸を出発し、三月十八日に大坂に到着して二日間逗留。その間、船中用飯米を大坂難波の御蔵より積み入れて本国龍野に向けて出発し、二十三日に着城した。

正使の小笠原大膳大夫は、二月十九日に江戸を経ち、備前室津から船行し、三月二十一日に小倉に着き、小倉から乗船して呼子へ向かっている。

また、人数については、正使小笠原大膳大夫が、総人数一一五六人（内、家老より料理人までが一〇七人、中番以下が六〇四人、又者が一〇一人）。副使の脇坂中務大輔は、総人数六五八人（家老より料理人までが一〇一人、中番以下が三五八人、又者が一四八人）であった。(4)

脇坂中務大輔

今回、通信使応接の副使として対馬へ下向した脇坂中務大輔安董は、播州（兵庫県）龍野五万石の藩主で、藩祖は天正十一（一五八八）年に賤ケ岳の合戦で名を上げ、七本槍の一人として数えられた脇坂安治である。その末裔にあたる十代藩主安董は、藩主就任五年目にして外様大名ながら幕府の高級官僚ともいえる奏者番に就任し、寛政三（一七九一）年には寺社奉行を兼務した。

そして、文化元（一八〇四）年に朝鮮御用を仰せ付けられると、それまでの官職名である淡路守を中務大輔に改め、官位も従五位から従四位下に昇格した。

安董は、今回の対馬下向に関して、水軍の将として参戦した初代脇坂安治の朝鮮出兵を自分自身に重ねていたと思われ、肥前名護屋の龍泉寺に伝わる脇坂安治の鎧を取り寄せ、寺には複製のために金子を与えたという。

また、通信使応接後の中務大輔の恩賞は、事前に幕府より借り受けていた拝借金の「返済に及ばず」を含めて一万五〇〇〇両を拝領するという活躍であった。(5)

播州龍野よりの先触

文化八（一八一一）年三月十六日、脇坂中務大輔の家臣である小西七郎右衛門（人馬方）と尾野武右衛門（勘定組頭）が播州龍野から肥前呼子浦までの問屋役人に宛てた先触は次の通りであった。

　先触
一、継人足一五〇人
　　長持二十四棹
　但　駕籠三人
　　指駕籠十七挺

分持十二荷

駄賃銭支払
一、本馬七十疋
乗掛二十三疋
駄馬四十七疋

「脇坂中務大輔様が、朝鮮人来聘御用のため対馬へ御下向される。

三月二十七日に播州龍野を発駕され、中国路を通り、小倉から山家を通って肥前呼子まで道中十六日間、宿々より人馬を滞ることなく提供していただきたい。

また、この先触は、刻付を以て次の宿場へ送り、呼子にて留め置き、拙者が罷り越した際に渡していただきたい。以上

宿々問屋中
役人中

三月二十七日　播州龍野ー有年ー三石（泊）

片上より赤間ケ関まで略

四月九日　小倉（泊）
四月十日　黒崎ー木屋瀬ー飯塚（泊）
四月十一日　内野ー山家ー二日市ー博多（泊）
四月十二日　福岡ー姪浜ー今宿ー前原ー深江（泊）
四月十三日　浜崎ー唐津ー呼子（泊）（図2）

追って申し入れる、前の「先触」に記した人馬の他に必要な人馬を雇う場合もあるので、その時は、迅速な提供をお願い致す。

また、足痛などで人馬が急遽必要になる場合は、印鑑を渡しておくので、賃銭を添えて差し出していただきたい。印鑑の無い場合は決して指し出してはならない。この印鑑は、右の通り留め置く事なく次の宿場へ送ってほしい。　以上」

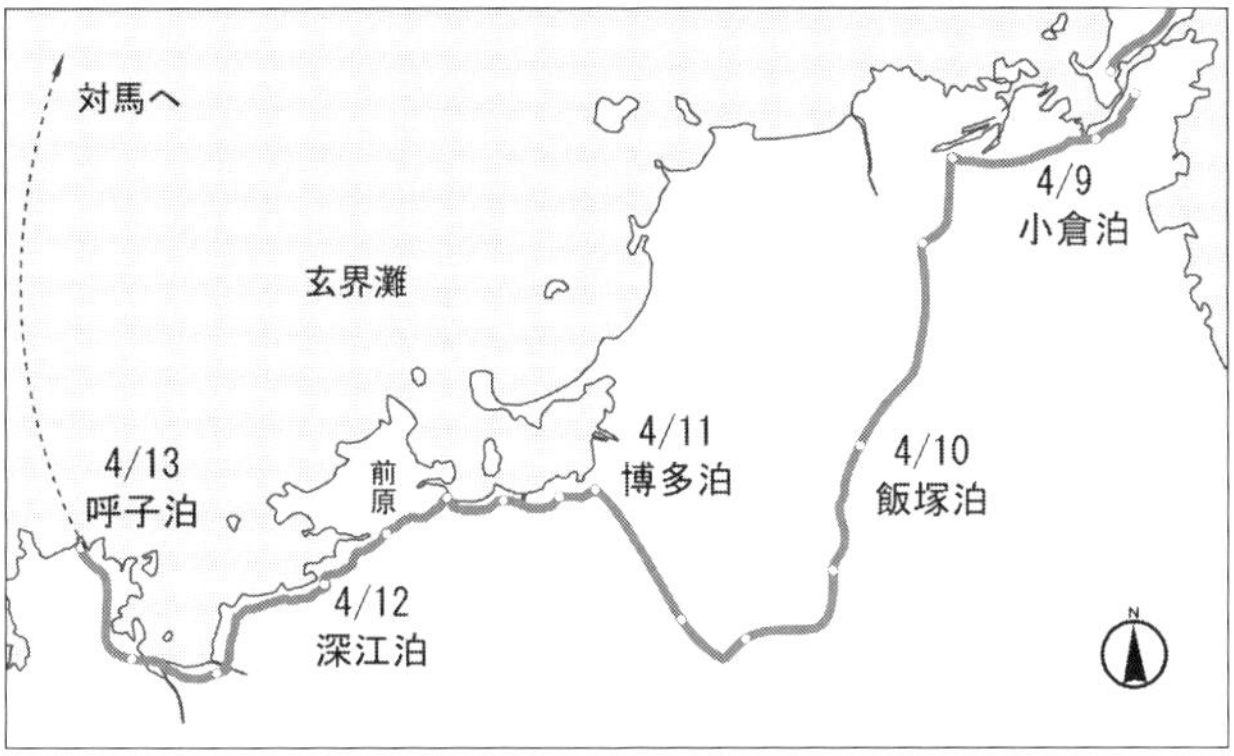

図2　文化8年脇坂中務大輔対馬下向の道程

また、帰路には、「前原宿御茶屋に宿泊」という先触も合わせて届いていたが、「前原宿には御本陣となる御茶屋はあるが、下宿となる家々が少なく、近村とは離れているため宿泊には指し支えがある」と宿場側で検討した結果、本陣亭主埴生喜平次より付紙をし、四月八日に浦志村庄屋茂三郎、久我村庄屋庄平、前原宿組頭只次の三名を福岡藩領東端の黒崎宿まで派遣して断りを入れて

いる。

前原宿は、この通行の前年にあたる文化七（一八一〇）年に大火に見舞われ、宿場のほとんどが焼き尽くされたという。今回、帰路に宿泊を断ったのは、もともと約九十軒程度の小さな宿場で、大人数の宿泊には困難であるのと、大火による町の復興が完全ではなかったためではないかと考えられる(6)。

福岡藩の対応

福岡藩では、江戸留守居役を使者に、幕府大目付の井上美濃守に「赤間筋は宿駅も不足なれば山家を経て博多に出られるべし」と通行路を指定していたため、小倉より長崎街道を通り、二日市から博多を経由して唐津街道を通り呼子へ向かうルートが採られた（『新訂黒田家譜』）。

この、「宿駅も不足なれば」を裏付ける資料として、後年の文政八（一八二五）年に薩摩藩主が長崎街道を通らず二日市から博多や青柳など宗像方面の唐津街道（内宿通り）を通行するようになり、それが定着してしまった天保四（一八三三）年、赤間・畦町・青柳・箱崎の宗像・裏粕屋・表粕屋、三郡の大庄屋八名の嘆願書がある(7)。

その内容は、「元来、宗像・両粕屋の三郡は、福岡と唐津の領主様だけが通られるところで、御入用の人馬の差し入れも非常に不慣れで、そのため、臨時の用心人馬などを招集し、継ぎ方には六宿筋から手慣れた者を雇い、不都合なりにもなんとか済ませていたこと」、「宿々も他領の御太守様の通行はなかった処なので、以前から宿屋も如何程もなく、休泊のたびに農家・商家や今日暮しの家まで御宿に充てているので、極めて不都合の処は修繕し、家具・夜具・給仕夫などまで余儀なく他村から借入れ、かれこれ余分の手数がかかり、宿主の自力に及ばず、郡内から助合している」。このことから、唐津街道が長崎街道に比べて大通行はほとんどなく、交通機能が未熟で、宿場としても不十分であったことが窺える。

福岡藩の検分

通行三日前の文化八（一八一一）年四月九日、福岡藩郡方の松尾彦蔵は、志登村庄屋定助を伴い、脇坂中務大輔が通行される池田川より藩境の多久川までの怡土郡井原触・志摩郡御床触受け持ちの往還筋を検分し、往還の掃除を行うよう命じた。

それを受けて、池田川より前原東口までの往還掃除を井原触が担当し、前原西口より多久川までの往還掃除を御床触が担当した。

・怡土郡井原触（人夫三十六人・馬三疋）　池田川より前原宿東口まで
・志摩郡御床触（人夫三十人・馬二十疋）　前原宿西口より多久川まで
　合計（夫六十六人・馬二十三疋）

　さらに、通行の前日にあたる四月十一日には次のような触達が出されている。

「池田川より多久川までの往還筋は十一日村ごとに掃除し、十二日の早朝より念を入れて掃除すること。御通行に際し不浄の者などの無い様に、また、往還横に川がある場合は、通行する舟には不敬の無いよう申し付けておくように。往還筋の村々は、鳴り物はもちろんの事、軒先から下がっているものなどは取り除き、御達のとおり不敬の無いよう常々申し渡す。また、宿場内には蒔き砂をし、樋の間には蒋を掛けることを銘々に申し付ける」

　街道の途中には、通行の際に休憩場所となる駕籠立場と水茶屋をⒶ池田川とⒷ前原西口の二カ所に設置し、池田川に初村庄屋嘉吉と池田村庄屋喜八が詰め、前原西口には大浦村庄屋木助と前原村夫が詰めた。

　水茶屋とは、臨時に設置する筵や菰で作ったプレハブ型式の休憩所で、駕籠を据える駕籠台や雪隠などが併設された。

　これら御駕籠立場と水茶屋は脇坂中務大輔通行の少し前、林大学頭らが通行した際に、多少の手入れをしておいたので、この度は、新たに御駕籠台を設置している（図3）。

前原宿での準備

四月十二日、いよいよ脇坂中務大輔通行の当日となった。まず、行列がどこまで来たかを確認する遠見の者を、早朝より次の各場所に配置する（図3）。

①池田川（郡夫一人・宿夫一人）
②潤川（郡夫一人・宿夫一人）
③上松山（郡夫一人・宿夫一人）

＊郡夫は郡内より動員された夫、宿夫は宿場より動員された夫。

　前原宿近辺の川には川越のための川越人足がそれぞれ配置された。今回は、監督のため福岡より川越方御足軽頭が派遣されているが、それぞれの川には受け持ち村の庄屋と組頭が詰めている。

・池田川
（池田村庄屋喜八・池田村組頭一人・夫十五人）
・潤　川
（波多江村庄屋長三郎・潤村組頭一人・夫十人）

・多久川

（荻浦村庄屋与四右衛門・荻浦村組頭一人・夫十人）

また、前原宿の東にある潤村には小田村庄屋源八が監督として詰め、宿場の西側にある前原村枝村の筒井原集落にも津和崎村組頭惣次と前原村組頭茂助が詰めた。

さらに、荻浦村には旅使者宿を庄屋与四右衛門宅に準備し、荻浦村組頭一名が前押えとして詰め通行に備えた。

小休憩所となる前原宿では、宿場の出入口である両構口に荻浦村の組頭が詰めて通行の規制を行い、宿場内より外に通ずる構口以外の出口も封鎖され、宿場内を完全に貸し切り状態とし、宿場内と往還筋の総監督は、志登村庄屋定助と西堂村庄屋代勤の宇作が担当した。

また、宿場内での諸雑務は、前原宿組頭甚平と利蔵、師吉村組頭半蔵、新田村組頭惣吉が出方した。

前原宿内にある「問屋所」には、人馬継立のため、問屋利助の他、井田原村庄屋拾吉、泊村庄屋幾次、前原村組頭藤三郎が詰めて通行に備えた。その他、宿場内では、指定の野菜屋や酒屋などが次のように決められている。

・沓・草鞋など小間物（源吉）

・肴店（七蔵）

・野菜店（伊八）

・酒屋（喜平次）

脇坂家家中の休憩所には、藩主が休憩する本陣に御茶屋を充て、家老には町茶屋を用意し、その他の重臣たちには宿場内六軒の民家を準備した。これらの下宿所には各村の庄屋・組頭が詰め、下宿に関する才判（監督）は馬場村庄屋与吉と組頭嘉吉が受け持っている。

また、脇坂中務大輔の御朱印長持[8]は、郡界（早良郡と志摩郡の郡境長垂峠付近の小濱）より多久川までの先払と案内を行うため組頭二名を今宿まで差し向けている。この御朱印長持は、前原宿休憩の際には馬場村組頭嘉吉が担当している。

〈休憩者〉	〈休憩場所〉	〈詰方〉
①脇坂中務大輔	御茶屋	三坂村庄屋物内 前原宿組頭孫助

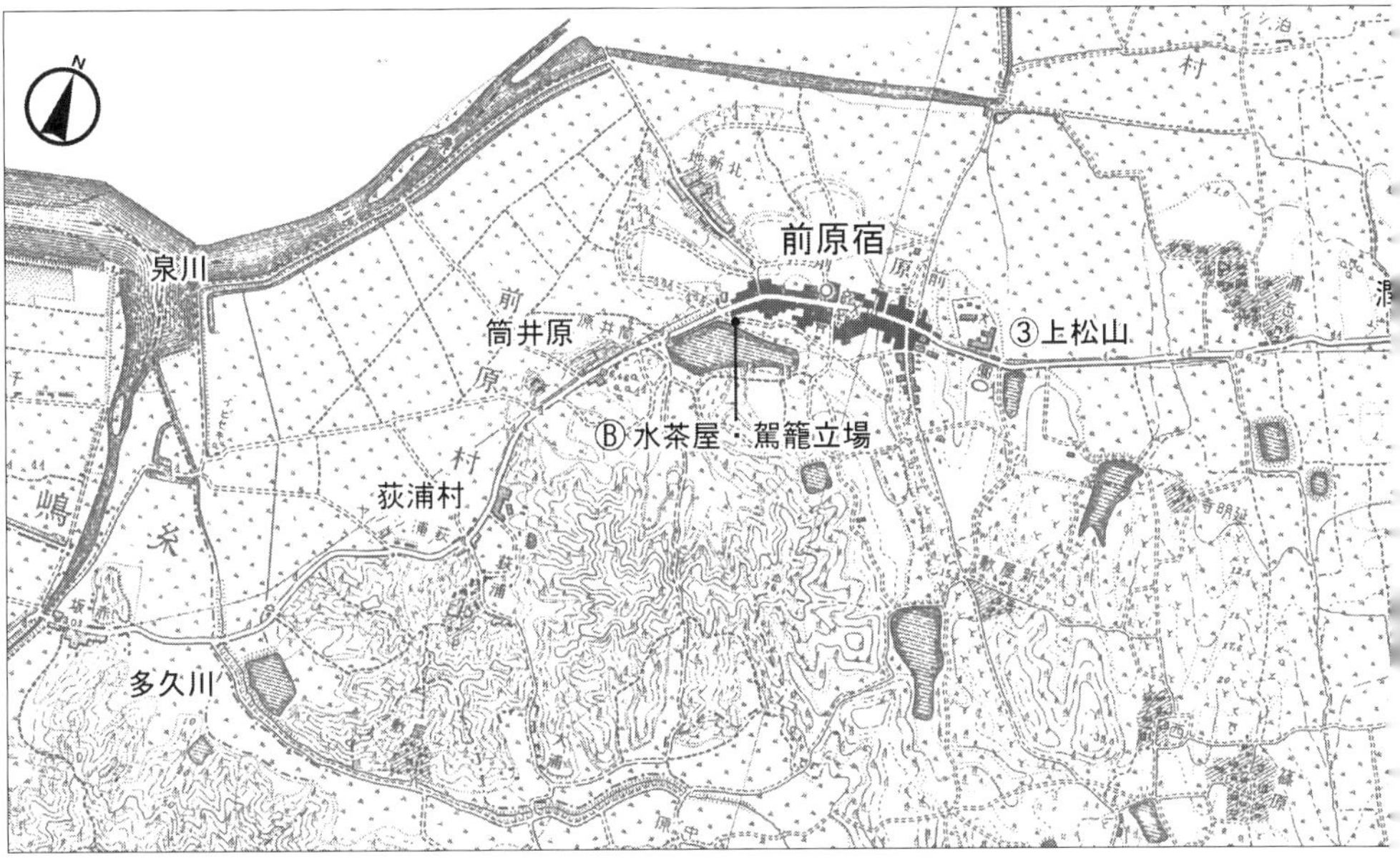

図3　前原宿周辺図（「正式二万分一地形図」より部分）

②脇坂玄蕃　町茶屋　潤村組頭　又次
③塩山猪左衛門　又六　荻浦村組頭卯助
④横田小一右衛門　玄飛　貝塚村組頭宇八
⑤井上与三左衛門　藤三郎　師吉村組頭惣内
⑥脇坂彦兵衛　与一　大浦村組頭伝次
⑦平井舎人　与三郎　泊村組頭儀七
⑧西村雅衛　春山　吉田村組頭弥三次

右の脇坂家家中の役職は、それぞれ次の通りである。

①脇坂中務大輔安董　龍野藩主
②脇坂玄蕃安平（千五百石）脇坂家筆頭家老
③塩山猪左衛門（四百石）朝鮮来聘御用掛兼寺社役
④横田小一右衛門（二百二十石）
　船奉行（御側用人兼留守居役）
⑤井上与三左衛門（二百石）取次大目付兼（弓組頭）
⑥脇坂彦兵衛（二百十石）物頭（下関で死亡）
⑦平井舎人（二百石）対州之役総御用掛
⑧西村雅衛（百石）対州先乗（扶持方）

下宿割がこのように決まっていたが、結局、休憩したのは、藩主脇坂中務大輔と家老の脇坂玄蕃のみで、他の面々は小休しなかった。

また、この時、前原宿の御茶屋に休憩した脇坂中務大輔と本陣亭主埴生喜平次とのやりとりに関する記述が残っている。

「脇坂中務大輔様は、未ノ中刻（午後二時頃）に御茶屋にて小休され、本陣亭主喜平次は、金子五十疋を拝領しました。

なお、御家来衆より当所の名産についてお尋ねであったので、亭主喜平次より泉川にシジミ貝とタル小貝がございますと申し上げておいたところ、届けるようにとのことなので、求めさせ後日差し上げます。

また、長垂山のキララ石をお帰りまで御預けになり、もう少し求めてくれとのことなので、求めるよう頼んでおります」

当時、前原宿周辺の名産として泉川のシジミ貝が挙げられていたことが分かる。

泉川とは、雷山川・初川・長野川が合流する河口部で、黒田長政が元和四（一六一八）年に工事奉行として黒田二十四騎の一人で、怡土・志摩代官の菅和泉守正利に命じて工事させたので、泉川（和泉川）という。

また、中務大輔が本陣亭主喜平次に預けた「キララ石」とは、現在も福岡市西区の長垂山から産出する特別天然記念物のペグマタイト（紅雲母）のことである。

一方、町茶屋には、脇坂玄蕃とその家来十五人が休憩した。脇坂玄蕃安平は、代々龍野藩の筆頭を勤めた一五〇〇石の家老である。町茶屋亭主作左衛門は、茶代として九六銭二百文を受け取り、家来衆より冷飯を差し出すよう申しつけられていたので差し出した。丁銭二百四十三匁であった。(9)

福岡藩の使者

福岡藩からは、案内のため藩の重役たちが直接出向いている。

『新訂黒田家譜』によると、領中案内のため、郡徳左衛門（大組八百石）が派遣され、木屋瀬には使番の河合左門（大組八百石）、博多には使番の四宮勝之助（大組八百五十石）と家老の矢野六太夫（家老三千二百石）が出て贈物を行った。福岡藩主黒田斉清は、一カ月前の三月に入国を果たしており、城下にて対面の予定であったが、恒例の長崎巡検で不在であったため今回対面はなかった。

一方、正使の小倉藩主小笠原大膳大夫は、小倉より直接船で呼子へ向かったため、その案内に船手頭の大塚三郎右衛門（大組千石）が派遣され、途中四月三日に藍島に寄航した際、家老の立花勘左衛門（家老五千石）を派遣し、河合左門と使番の山内孝三郎（大組千石）を派遣して贈物を行った。

さて、「鎌田文書」によると、脇坂中務大輔一行の先払には、福岡から派遣された御側筒（田尻貞助、新野与十郎、安永市作、山岡幸吉）四名が黒崎から勤め、その宿には前原宿の弥八宅が提供されている。そして、挨拶のため、福岡藩郡奉行の（村上）又左衛門[10]が前原宿まで出張してきており、その案内を前原村組頭次左衛門が、御組者二人、御殿詰一人とともに担当した。郡奉行に同行の御免用方の森武右衛門（馬廻組三百石）と鈴木源太夫の案内には、前原村組頭与吉が出て、御案内御使番の郡徳左衛門（大組八百石）の案内を、浦志村組頭源七と茂助が担当した。

　また、通常の大名通行ならば郡内の庄屋や組頭で行う人馬・川越・宿押・用心案駄などの監督も、今回は幕府役人の通行ということで、福岡より足軽頭が直接出向いている。

〈福岡藩足軽頭〉	〈宿受け持ち〉
・人馬奉行御足軽頭	只次
・宿押御足軽頭	荻浦村組頭幸吉
・川越方御足軽頭	荻浦村嘉三次
・用心案駄才判御足軽頭	金蔵
・用心宿	万蔵

必要となった人馬

今回の通行に際し、郡内で招集した人馬は、「先触」に記載されていた「継人足百五十人、本馬七十疋」を満たしていない。

　また、表（42ページ）を見ても分かるように、通行に関する人馬はほとんど動員されていない。その理由は、福岡城下簀子町の人足請負町人（現在でいうところの旅行運送業者）萬屋藤三郎が、銀三十九貫目（六百五十両）で請け負い、先触前の人足二百人の四倍増の千人を準備し、黒崎より深江まで通しで通行したからであった[11]。

必要な諸道具

小休所・水茶屋・郡屋で必要となった諸品。

・蒋	三十六枚
・草履	八十足
・わらじ	四十七足
・沓	十三足
・空俵	二十五俵
・小竹	八束
・半縄	二束二方
・杭木	十本
・中竹	一本

脇坂中務大輔・福岡藩役人入用人馬

脇坂中務大輔入用人馬	郡夫	宿夫	馬
遠　見	3	3	
御荷物付宿夫		7	
人馬役所小仕	3		
雇人足（賃銭22匁）	11		
福岡御注進状持	2		
御用状持夫	2		
請負人足之者痛ミニ付			1
姪浜継立御荷物付馬痛に付（賃銭200文）			2
福岡藩入用人馬	**郡夫**	**宿夫**	**馬**
御奉行様・御免用様入用夫	17		
深江通御郡屋入用分	7		
笹岡辰四郎様並御手付御入用	15		2
笹岡辰四郎様荷物			2
郡徳左衛門様入用	14		1
御側筒四人御入用	8		
前田源八郎様御入用	7		2
山内孝三郎荷物今宿より深江まで			1
御小休にて宿引案内夫	8		
荷添夫・間夫	27		
残　り	35		19
合　計	160	10	30
計　御床（人足112・馬20）井原（人足48・馬10）	170人		31疋

・しだ　二十七把
・松明　二十丁
紙・墨・蠟燭類は、必要に応じて役所より渡す。
また、脇坂中務大輔の他、大塚伝蔵・男谷彦四郎・林大学頭・古賀弥助が通行した際の茶油代は次の通りである。
・茶　二斤半　（九匁五分）
・鯨油　三升三合五勺（二十二匁三分）
〆銭三十一匁八分

その後

脇坂中務大輔らは、前原宿に休憩の後、隣の中津領深江宿に宿泊し、翌十三日には唐津を経て呼子に到着した。そして、呼子港にて船揃し、四月十五日に対馬へ向けて出航した。

この時、すでに対馬には金履喬を正使とした朝鮮通信使三三六名が到着しており（朝鮮側は三月二十六日に上陸していた）、日本側はそれより半月程遅れた四月二十五日に上陸した。対馬へ上陸した総人数は、二七九九人と、それ以外に見物人や船乗りを合わせると一万人以上であったという[12]。

そして、五月二十二日対馬藩邸の大広間にて国書を受け、六月十五日には国答書を受けて易聘の行事は無事完了した。

脇坂中務大輔は、それから四日後の十九日には帰路に着き、呼子からは全て陸路をとったので、また前原宿を通行して八月七日に江戸到着した。

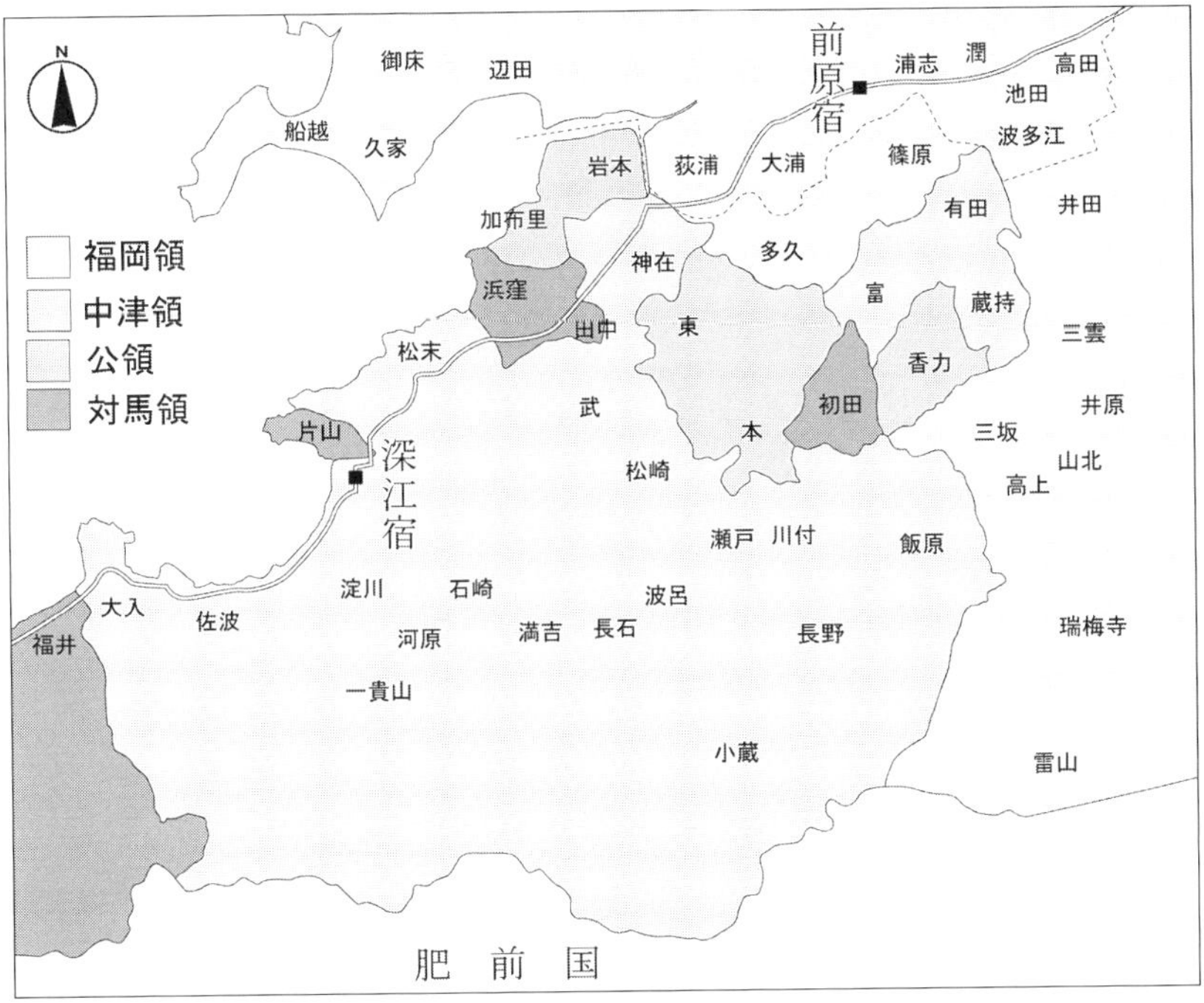

図４　領境図

糸島と対馬藩

最後に、前原宿が所在する志摩・怡土（現在の糸島）地方は、江戸時代を通じて福岡藩領の他、中津領や幕府領、唐津領などが混在していたが、このうち幕府領の一部が対馬領に変えられていた。

これは、対馬藩が今回の易地聘礼の成功を賞して、文政元年に幕府より二万石の加増を受けたからであった。その中には、肥前国松浦郡（佐賀県）九一一七石余、下野国（栃木県）に二四〇一石の他、筑前国怡土郡六七六〇石が含まれていた。怡土郡に所在した幕府領の内、片山、浜窪、田中、初田（本の一部）、福井、吉井、鹿家が対馬領に換えられたのはこのためである（図４）。

おわりに

今回も、前回（会報第四七号「唐津藩主の前原宿泊」）と同じく通行事例をドキュメント形式で書いてみた。特に今回は、毎年行われる唐津藩主の参勤交代と違って、臨時の、しかも幕府の重役たちが通行するということで、普段とは違い大変気を遣っている様子が伝わってきた。

また、前原宿という狭い範囲の研究から、龍野藩脇坂家という他県のそれもかなり遠くの藩を調べることになる点も、交通史研究のおもしろいところであると実感した。

謝辞 文書の解読・指導に関しては近藤典二氏と横田武子氏にご指導いただきました。また、脇坂家については、たつの市立歴史文化資料館にご指導いただきました。この場を借りて御礼申し上げます。

注

（1）文化六年唐津藩主の前原宿泊に関しては、『福岡地方史研究』第四七号に掲載。研究ノート「唐津藩主の前原宿宿泊――前原宿の復元 Ⅱ」。

（2）鎌田（龍）文書「文化八年未ノ四月七度目脇坂中務大輔様対州御下向前原宿記録」七度目とは、文化八年に日にちをずらして通行した幕府役人が前原宿を通った回数と考えられる。脇坂の通行は七番目だったことが窺える。

また、この文書は、志摩郡御床触の大庄屋助役鎌田磯助が、おそらく前原宿の組頭の儀助と茂助の報告を記録したもの。御床触の大庄屋は、代々甚吉を世襲しており、明和四年から文化十年までは甚吉正栄が大庄屋であったが、この時は磯助が助役として代勤している。翌年の文化九年に伊能忠敬がこの地方を測量した際にも磯助が挨拶に出ている（『新修志摩町史』）。

（3）この記録は、久留米藩馬廻組の吉田半之助秀文が記録した使節一行の出立名簿で、江戸出立の日のみを述べているところから、この情報は江戸久留米藩邸の留守居発と考えられる（『異国船渡来雑記 巻五終』長崎文献社）。

（4）その他の人数は、御目付の佐野肥後守（百六十三人）、御勘定吟味役の松山惣左衛門（九十六人）、大目付の井上美濃守（百九十一人）、御勘定奉行の柳生主膳正（百六十三人）、儒者の林大学頭述斎（百九十二人）、御目付の遠山左衛門尉（百六十三人）であった。『宝暦現来集』第十四巻（『大系朝鮮通信使 第八巻』明石書店）に記載（仲尾宏）。

（5）『脇坂淡路守』たつの市立歴史文化資料館、二〇〇七年。

（6）前原宿は文化七年に宿場内を焼き尽くす大火を受けている。現在、JR筑肥線沿いにある地蔵庵は、本尊が火伏地蔵ということで宿場より南へ五〇〇メートル程の前原本村にあったが、この大火を機に宿場の東構口付近に移されたという。

（7）「天保十年十月十九日薩摩中将様御参府達諸事留書」。御笠郡通古賀村の大庄屋善次が記したもの（『筑紫野市史 下巻』筑紫野市）。

（8）「御朱印長持」とは、将軍より無賃で人馬の供給を許された長持のこと。

（9）「九六銭二百文」という表現は、九十六枚しかない銭を一本指で貫き、取引の時はこれを一本百文として交換する。つまり、この時は二本下されたことになる（藤本隆士「九六銭と匁銭」〔『西南地域の史的展開 近世篇』所収〕）。

（10）文中の「又左衛門」という人物が誰であるか不明であるが、郡奉行であった村上又左衛門であると考えられる。

村上は、文化二年に御笠・夜須郡の郡奉行であった。文化八年時に志摩郡の郡奉行であったかは定かでない。また、この他に家老の毛利内記（又右衛門）とも考えられる。『新訂黒田家譜』によると、対馬での国書交換が終わった後、柳生主膳正、松山惣右衛門ら数名が長崎を廻って八月に帰路の途中、長崎街道山家宿で挨拶のため出向いたのが毛利内記であった。

(11)「福岡の日雇人足請負人」（近藤典二『筑前の街道』西日本新聞社）。諸大名の参勤交代は、荷物輸送に必要な人足を出発地で雇入れ、目的地まで通しで使用していたが、その人足を供給し、それを引率して荷物を目的地まで輸送する請負業者が大都市には存在しており、「通日雇請負仲間」が結成されていた。そして、その株仲間に加盟している者だけが幕府や大名の道中御用を勤める仕組みになっていた。

(12)『宝暦現来集』第十四巻。「上下合二千七百九十九人但船手之者除右之通、江戸表より被仰遣候船手一艘に付小夫二十人宛之積、荷物船ともに二百艘、此人数四千人程、船着御送船凡三十艘、一艘に付船子共上下凡五十乗にて千五百人、大坂其外中国近国、見物船凡百艘と見込、二十人乗にて凡四千人程　凡合一万千三百人程此分何も対州へ下り申哉、城下者漸三千軒之処、右人数入候由、困難之事に候哉」であった（『大系朝鮮通信使　第八巻』明石書店）。

郡役人の在住制について

在住所と宿場――幕末福岡藩の場合

近藤《こんどう》典二《のりつぐ》

福岡藩の民政機構はその変遷が激しく正確な把握が困難であるが、郡政の最高職として重臣が十六郡をそれぞれ一名ずつ預かる制度が形式的には藩政の全期間を通じてとられていたという（長野誠「福岡藩民政誌略」）。

藩政後期に入り、宝暦十二（一七六二）年十六郡を五区に分かち、各区ごとに郡奉行一名を配し、その郡役所を私宅に置いたが、この五区制度は廃藩まで行われている。

文政元（一八一八）年、郡奉行を惣郡受持と改め、その下にそれぞれ二名の郡代を置いた。この年大名町に郡役所を設け、惣郡請持は勿論、五区の郡代もここで執務することとなっている。文政以後は郡奉行制と郡代制とが幾度か交互に実施されているが、いずれにせよ郡奉行や郡代は福岡居住で、必要に応じて管轄郡に出張したが、決して在住するものではなかった。

1 郡代の在住制

安政四（一八五七）年の秋、藩は郡代に在住を命じ郡方改正のため農民の直接指導に当たらせている。

郡方改正の内容については『福岡県史 第二巻 上』（昭和三十八年）によると、安政二年六月の村役取計大概書二十二カ条の下達に始まる緊縮政策で、米の津留と撫育方による専売制を実施し、村方の借財整理については大庄屋・庄屋層に対し捨て切り（棄捐）を奨励し、さらに国中に対し御用金の献上を命じ、その褒美として安政五年、大庄屋すべてに苗字・箱崎松原出（藩主見送りの資格）・上下着用を許し、扶持米を給し、安政六年には年始御礼を許可し、その翌、文久元（一八六一）年八月から十月にかけ大庄屋・庄屋に対し、郡方改正につき宰判方行届きの功により米銭の褒美が与えられているの[1]で、改革は一応成功したと見るべきであろう。
この安政改革の一つが標記の郡代の管轄郡在住制である。

（史料1・安武文書）

郡代中
助役中

郡方改正の御趣意、当秋拙者致廻郷、直に相達置候条、惣郡奉行申談、才判方心力を尽し候により大庄屋初□えも志を相立て、追々旧弊の風儀相改むべき人気に押し移り、一段の都合に候、右の趣は御聴にも達し候、唯今大事の機会いよいよ差しはまり、惣郡奉行申談、一統の気合い益々相励み御趣意速やかに成立候様、尚又才判致すべく候事

十二月

右書付、巳十二月晦日
御本〆弾正殿より御渡

口達　控

去秋在住砌より諸用多く、何れも出精相励み、奇特の事に候、就ては旧冬御本〆弾正殿より別紙御書付御渡しに相成り候、畢竟其方共、志を相立て候故の儀にて一段の事に候、然るに村々借財道付に付、助合出金等[2]申談方を初め、諸用多端に有之候に付、申迄も無之候得共、別して精勤不致候ては不相整時勢に候条、銘々分量の及ぶ限り、踏込み遂才判、小前の者までも懇に申し諭し速にその際相□候様、一際心力を尽し指はまり可相勤候、其方共勤方により、精粗分けて委敷承り糺し、相含み居り候次第も有之候に付、万端心を配り、就中御免用普請等は尚又後益の見込み相立ち候儀も候はば不閣可申出候事

午正月八日

右の文書によると、郡代と助役が郡に在住したのは安政四年の秋からで、その秋、本〆役立花弾正自ら[3]、藩内各郡を回って郡方改正の趣旨を直達したことがわかる。事実、八月晦日には志摩郡の元岡村大庄屋浜地新九郎宅において、新九郎および御床村大庄屋鎌田甚内に対し、改革令の趣旨を演説している（前掲『福岡県史』）。

さて、この安政四年秋以来の郡代の在住という制度は、具体的に各郡のどこを在住所と定めたのであろうか。
藩内すべての郡代の在住所を示す史料に、原田宿郷足

軽高嶋与一郎の記録[4]がある。これは文久元年辛酉五月の控書で、御用人衆六名、御用聞四名、郡奉行二名、当用方吟味役兼五名、六宿頭衆六名、上座川目付以下六名、郡代八名、六宿下代（原田を除く）十八名の名簿だが、この中の「郡代八名」には次のように在住所が明記されている。なお「郡奉行二名」は、惣郡奉行の肥塚次郎右衛門と矢野太左衛門の両名である。

（史料2・高嶋文書）

二日市　林文右衛門
姪浜　井土清太夫
志摩郡　今宿　貝原一兵衛
井手勘兵衛
鞍手　福丸　内野太郎右衛門
上座　長淵　田中又十郎
箱崎　衣非安六郎
三宅　明石半十郎
遠賀受持

この名簿には井手勘兵衛の受持郡と在住所、および遠賀郡受持の郡代名と在住所を欠いているが、この文久元年五月前後の五区の郡代で判明している分を、前記の史料と一覧表（表1）にしてみると、それはおのずから判明する。

即ちこの表によれば、井手勘兵衛の受持郡は宗像郡らしく、嘉穂両郡の郡代は前後からして四宮市右衛門であり、遠賀受持だけが不明となる。

表1　郡代の在任制

	万延元（1860）年 山本文書	文久元（1861）年5月 高嶋文書	文久元年10月 山本文書
遠　賀			衣非安六郎
鞍　手	内野太郎右衛門	福丸 内野太郎右衛門	内野太郎右衛門
那珂席田		三宅 明石半十郎	明石半十郎
夜須御笠	林文右衛門	二日市 林文右衛門	林文右衛門
宗　像		赤間 井手勘兵衛	
両粕屋	衣非安六郎	箱崎 衣非安六郎	
上座下座	田中又十郎	長淵 田中又十郎	田中又十郎
嘉麻穂波	四宮市右衛門	長尾	四宮市右衛門
早　良		姪浜 井土清太夫	
志摩怡土		今宿 貝原一兵衛	

在住所については、遠賀・宗像・嘉穂の分が不明だが、このうち嘉穂両郡については、文久二（一八六二）年閏八月、四宮・田中の両郡代より嘉麻郡の大庄屋二名に宛てた達書があり、それによると、内野宿の人馬継方改正のためこの時、内野宿町茶屋守伊右衛門屋敷内に出勤役所を設け、ここに内野宿代官が日々出勤し、同時に郡代役所よりも絶えず出役していたことが記されている。

（史料3・有松文書）

一、此節詮議により、御郡代役所、我等役所より改正請持相立て、町茶屋守伊右衛門抱え内に役場仕調、我ら役所より日々出勤いたし、御郡代役所よりも不絶出役、諸事申し合せ吟味を遂げ候事

これは四宮・田中両郡代の達書に添えて出された内野宿代官宮本小八郎の、両大庄屋宛の達書の第一条である。四宮・田中両郡代の達書中には、

「今般内野宿、継所作法を初め、出夫計らい方など、御代官申合せ改正を遂げ、掛り手伝役ならびに組内よりも絶えず宿方へ出勤いたさせ、我等えも折々出役いたし、諸事取約め候条、其の心得致すべく候、委細箇条立てなどの儀は御代官より別紙相達し候条、宿村共、箇条の趣、きっと相守り毎時厳重に取り計らい候様、宰判を遂ぐべく候」

とある。

この郡代役所は、文久四年子正月の嘉麻郡赤坂村大庄屋有松直平の書上に見える「長尾御役所」と思われる。

（史料4・有松文書）

合銭　一五七五貫四九九文

右は去々戌九月朔日より去亥八月まで村々より切立高、払口々、左に書上申候事

内

六十八貫文

右は去々戌九月長尾御役所より前借、内野宿御出勤御役所え上納分、仕戻之儀は戌十二月長尾御役所え上納仕候事

長尾は穂波郡内の村で、飯塚宿を出て、内野・山家に向かう冷水峠道と、太宰府に直通する米の山越え道との分岐点に当たる。また元治元（一八六四）年子十月、嘉穂両郡中、中屋・赤坂両触大庄屋から倉八権九郎・斎村孫蔵の両郡代に宛てた願書には、在住所が長尾であったことを明記している。

「私ども両触庄屋中よりの願いに横折相添え、去夏御願申上置き、長尾村御在住中、追々御指図之儀、御願申上、是迄押移居申候」(有松文書)

次に宗像郡の郡代在住地については、確実な史料がないが、前記の高嶋文書に各宿代官名簿の断簡があり、これに「赤間郡代」の文字が見える。従って在住所が赤間にあったことはほぼ間違いない。

最後に遠賀郡の在住所は底井野であったことが、小林本「底井野覧古」の「御郡家」の項によってわかる。(5)

「安政六年巳九月より御在住初る、諸用受持に被仰付、同七午冬、小鳥掛村庄屋入役被仰付、跡養子正兵衛相勤、病気にて引取」(能美安男校訂「底井野覧古」『八幡市文化財調査報告　第七輯』)。

ただし「安政六巳九月」と「同七午冬」は、安政四巳年と同五午年の誤りである。つまり安政四年巳九月、底井野に遠賀郡の郡代在住所が定められ、その諸用受持を郡家守の小林一蔵が仰せ付かったのである。

以上要するに、安政四年秋の郡代の在住所は、五区を二名ずつの郡代が管轄する点は従来と同じであるが、さらに区内を二分して、それぞれ一名ずつがその区内の在住所に勤務する点が違っている。

さて郡代の在住制は安政四年に始まっているが、郡代制が始まったのは、それ以前からである。上座下座嘉麻穂波四郡の場合を見ると、安政三年辰四月の穂波郡飯塚宿船庄屋の願書(有松文書)の宛名は、上座下座嘉麻穂波御郡代御役所であるが、安政二年卯十一月二十五日の怡土郡三雲村庄屋の書上(三苫文書)の宛名は、早良志摩怡土御郡御役所となっている。安政二年十一月以後、安政三年四月以前の間に、郡奉行制が郡代制に替わっていることがわかる。そしてこの郡代制度は五区ともに郡代二・助役一の計三名が郡代役所の役人であるという特色を持っている。

那珂席田夜須御笠四郡の場合も同様である。

(史料5・安武文書)

比恵村大庄屋　安武伊平

堀口村善作儀、去寅年御年貢村中一番致皆済、別して精を出し候段、相達し奇特の至りに候、依之一番皆済之処、年貢蔵え致掛札候条、弥出精いたし候様其方より可申聞候事

卯八月(安政二年)　　太左衛門　印

（史料6・安武文書）

比恵村大庄屋　安武伊平

堀口村左之者、去卯秋御年貢米九月五日切、郡中一番致皆済候段、相違し、其筈の事ながら一入出精いたし候、依之為褒美、米一俵与之候、弥納方相励、農業致出精候様其方より可申聞候事

米十五俵一斗一升三合　善作

辰六月（安政三年）

大森浅右衛門　印
小河喜右衛門
毛利　甚之丞　印

史料5の差出人「太左衛門」は、惣郡奉行矢野太左衛門である。なお、伊東尾四郎「福岡藩旧事叢話　三」（『筑紫史談』一六集）によると、郡代は嘉永三（一八五〇）年六月二十二日に廃止されて免用方となり、安政三年三月二十七日には免用方が廃止され、郡代が復活したという。

2　中老の郡在住

郡代十名の郡内在住が続いている文久三（一八六三）年、さらに中老の郡在住のことが福岡藩医武谷祐之の自伝「南柯一夢」（井上忠校訂『九州文化史研究所紀要11』）に見える。文久三年の三月十九日と六月十日の中間に次のような記事がある。

「幕府衰頽せしより各国割拠の景勢たり、犬鳴谷御別館及び小金原に城郭を移遷あらんとす、郷筒と唱え従来平民を撰び、遊猟砲を許し砲税を免せられしもの等を農兵隊とし編成せられ、諸士所々へ在住を命ぜらる、嘉麻穂波の二郡、中老久野四兵衛、大隈に住し中士下士も附属を命ぜり、若宮河内は中老大音兵部、山口に住し、中老吉田久太夫亦郡内に住すべきとす、鞍手東部、中老矢野安太夫、永満寺に住し、遠賀郡は中老野村東馬、本城に住し、那珂郡は中老吉田大炊、早良郡は中老加藤半左衛門、糟屋郡は立花増美、怡土郡志摩郡は中老隅田市太夫、中士下士も上に同じく附属し移住せり」

この中老の郡在住は、藩初以来の重臣の預かり郡制度と関係があるのかどうか、万延元（一八六〇）年および慶応元（一八六五）年分限帳の「預かり郡の中老」と、上記の「在住制の中老」を表にして比較してみる（表2）。

「南柯一夢」によれば、中老の郡在住の目的は、従来郷筒と呼ばれていた鳥銃所持の百姓を農兵隊に編成するとともに、家臣を率いて郡に移住させ、藩境の防備を固めることにあったようである。『福岡県史　第二巻　上』

表２　中老の在住

	万延元（1860）年	文久３（1863）年	慶応元（1865）年
遠　賀	吉田大炊	本城　野村東馬	吉田大炊
鞍　手	立花采女	山口　大音兵部 　　　吉田久太夫 永満寺　矢野安太夫	立花采女
嘉　麻	久野四兵衛	大隈　久野四兵衛	久野治左衛門
穂　波	浦上数馬		浦上数馬
上　座	郡　左近		郡　左近
下　座	黒田美作		黒田一美
宗　像	大音左京		大音左京
表粕屋	毛利内記	立花増美	毛利内記
裏粕屋	斉藤忠兵衛		斉藤忠兵衛
那　珂	野村東馬	吉田大炊	野村東馬
席　田	隅田清左衛門		隅田清左衛門
夜　須	矢野安太夫		矢野安太夫
御　笠	立花吉右衛門		立花吉右衛門
早　良	加藤半左衛門	加藤半左衛門	加藤司書
志　摩	斉藤蔵人	隅田市太夫	斉藤蔵人
怡　土	吉田久太夫		吉田主馬

は、遠賀郡の洞海湾沿岸の防衛地点について次のように詳記している。

「福岡藩では戸畑、中原をはじめ洞海沿岸の若松、小石、藤木、二島、本城、黒崎、枝光等に藩士を配置し、外艦襲来の警備に当たらせた。遠賀郡には家老野村益雄が士族隊長として遠賀郡の本城に在住し、若松地方は吉田主馬を主将とし、彼は若松に在住した」

士族隊長として遠賀郡の本城に在住したという野村益雄は「南柯一夢」の野村東馬と思われ、その在住地も一致する。同じく『福岡県史』によると、元治元（一八六四）年八月、若松地方の郷筒百姓二十九名が郷足軽に任用され、吉田主馬の附属となっている。これは「南柯一夢」の「郷筒を農兵隊に編成」したということと一致する。

この中老の在住制が「南柯一夢」の通りであるとすれば、その配置は著しく偏っている。人数は九名であり、鞍手郡に三名が集中し、上座・下座・宗像・席田・夜須・御笠の六郡を欠いている。

文久三年に始まるこの中老の在住制は、郡預かりとは別個に実施された緊急の警備体制と考えられる。

3　郡代制から郡奉行制へ

原田宿郷足軽高嶋与一郎の「諸方御用条目帳」には、元治元年のことと思われる次の記事がある。

御仕法替にて郡代衆引

五奉行

遠賀鞍手　　肥塚次郎右衛門
那珂席田夜須御笠　衣非安六郎
宗像両粕屋　　井手勘兵衛
上座下座嘉麻穂波　倉八権九郎
早良怡土志摩　　岡部　簇
〆
大目付
一　先惣郡奉行　　矢野太左衛門
〆

これによれば従来の郡代が引退し、五奉行の任命がなされていることがわかる。そして今までの惣郡奉行の肥塚次郎右衛門と矢野太左衛門の両名は、前者が遠賀鞍手の郡奉行に、後者が大目付に転じている。

元治元年子三月の黒崎宿庄屋古海与次兵衛の「宿用留書」（宇都宮治部氏蔵）によると、当時、遠賀鞍手両郡の郡代は倉八権九郎と明石半十郎の両名で、差出し文書の宛名は「遠賀御郡代御役所」となっている。従って元治元年三月当時は、まだ郡代の在住制が続いていたことがわかる。

元治元年六月十一日、肥塚次郎右衛門から御笠郡原田宿代官浅香登に宛てた文書（原田宿下代鬼木左六文書）に「早々出福、郡役所に相届候様」とあるのは、この時には肥塚が郡奉行であり、福岡にその郡役所があったことを示している。そうだとすれば、この時の肥塚は所謂、惣郡奉行であり、遠賀鞍手両郡の郡奉行ではない。つまり六月にはまだ「御仕法替」はあっていない。高嶋文書の「御仕法替にて郡代衆引」とある記事は、「元治元年甲子所々為御警固、御関番所へは上番、城代組より一人、関番、新抱え二人被召出、其外新関所共左に相記す」とある記事と、「元治元年甲子十月より山家御関番所出勤割」との中間に記入されている記事であり、元治元年の関番所の設置は七月九日のことであるから、一応「御仕法替にて郡代衆引」の時期は元治元年七月から十月の間と考えられる。

元治元年子七月、遠賀郡香月村より差出した文書の宛名は「遠賀郡代御役所」で、その大庄屋奥書の宛名は、明石半十郎・倉八権九郎の両名である。この両名は先に見たように同年三月当時の郡代で、それが七月まで続いていることを示す。ところが前記の元治元年子十月の嘉麻穂波両郡大庄屋の願書の宛名は、

倉八権九郎
斎村　孫蔵

表3　新郡奉行

	元治元（1864）年	慶応元（1865）年	慶応2年	慶応3年	慶応4年
遠賀 鞍手	肥塚次郎右衛門		肥塚 各務	肥塚 各務	肥塚次郎右衛門 助　各務弥三太夫
那珂席田 夜須御笠	衣非安六郎	杉山　来 浜新五平	杉山　来 甚作	杉山　来 斎村孫蔵 →井手勘兵衛	井手牛右衛門 助　斎村孫蔵
宗像 両粕屋	井手勘兵衛	井手勘兵衛 神吉喜三兵衛			浜新五兵衛 助　花房助太夫
上座下座 嘉麻穂波	倉八権九郎 →斎村孫蔵	岡本和心 浜新五兵衛		衣非安六郎 浜新五兵衛 衣非安六郎 神吉喜三兵衛	大森浅右衛門 助　岸原弥一郎
早良 志摩怡土	岡部　簇 →杉山　来	小河織右衛門 斎村孫蔵			神吉喜三兵衛 助　森惣右衛門

の両名に替わっている。

以上、二点の文書によると、元治元年七月には郡代として遠賀鞍手両郡に明石半十郎・倉八権九郎の両名がいたが、その直後（七月から十月の間）に異動があり、倉八権九郎は嘉麻穂波上座下座担当の役人に転じたことがわかる。なお嘉麻穂波上座下座四郡の郡代はこの年五月までは、田中又十郎・四宮市右衛門の両名であった。

一方、郡奉行制の初見は、元治二年丑四月六日付、早良志摩怡土郡役所より志摩怡土両郡の大庄屋三名に宛た文書である。その文面中には「奉行衆」の文字も見える。これ以後の文書、つまり慶応元年丑四月以降の文書に見える郡の役所はすべて郡役所となっている。

以上のことから、郡代制を廃止して郡奉行制に替えたのは元治元年七月以後、翌二年四月以前ということになる。

元治元年十月の新郡奉行とその後の異動を表示すれば次のようになる（表3）。

4　慶応四年五月の郡奉行在住制

元治元年十月に郡代の在住制を止め、郡代に代わって郡奉行・郡奉行助役の制度を取った藩は、その四年後の慶応四年五月、郡奉行の異動を行うとともに再び郡奉行の在住制を復活した。「慶応四年辰五月御仕法替留書、当用方」（黒田家文書）によると、肥塚次郎右衛門が五月五日、惣郡奉行および大目付席を仰せ付かり、郡方改正筋の才判を命じられている。

これに続いて五月七日、郡奉行の異動が行われている。

これを表示すれば表4の通りである。

前記、高嶋与一郎の記録には、この時の新奉行の氏名と出張地、禄高が明記されている。これとこの「当用方記録」とにより慶応四年五月改正前後の郡奉行を表示(表5)しよう。

表4　郡奉行の異動

旧役職名	人　　名	新役職名
遠賀掛り郡奉行	肥塚次郎右衛門	惣郡奉行
郡奉行助役	各務弥三太夫	郡奉行(遠賀)
御詮議掛り	澄川春吉郎	郡奉行(上座)
那珂掛り郡奉行	井手牛右衛門	一ノ銃士
上座掛り郡奉行	大森浅右衛門	一ノ銃士
早良掛り郡奉行	神吉喜三兵衛	一ノ銃士
早良掛り郡奉行助役	森惣右衛門	一ノ銃士
粕屋掛り郡奉行助役	花房助太夫	一ノ銃士
上座掛り郡奉行助役	岸原弥一郎	一ノ銃士
郡奉行助役	斎村孫蔵	郡奉行(那珂掛り)
御槍奉行	梶原源三郎	郡奉行(早良掛り)

この改革の特色は、郡奉行助役クラスの郡奉行昇格と助役制の廃止および郡内出張在住という点にある。安政四年より元治元年までの七カ年にわたる郡代の在住制と、この慶応四年の郡奉行在住制とを比較してみると、第一に在住地が従来の十カ所から五カ所に半減し、第二に遠賀鞍手両郡の在住所が底井野に、早良志摩怡土三郡のそれが今宿に統合されたほか、他の三区においては従来の二つの在住所の中間地域に新たな在住所が設けられた点が違っている。

表5　改正前後の郡奉行

	慶応四辰四月	慶応四辰五月	明治二巳	明治三午
惣郡奉行		肥塚次郎右衛門		郡町浦請持
同　助勤		吉田太郎右衛門 木村　道		少参事　岡部　簇 西島　尚
遠　賀 鞍　手	肥塚次郎右衛門 助　各務弥三太夫	各務弥三太夫 (底井野)	各務弥三太夫	
両粕屋 宗　像	浜新五兵衛 助　花房助太夫	浜新五兵衛 (青柳)		
早　良 志摩怡土	神吉喜三兵衛 助　森助右衛門	梶原源三郎 (今宿)		
那珂席田 夜須御笠	井手牛右衛門 助役　斎村孫蔵	斎村孫蔵 (雑餉隈)	斎村孫蔵	都甲　乙
上座下座 嘉麻穂波	大森浅右衛門 助役　岸原弥一郎	澄川春吉郎 (内野)	郡令 澄川春吉郎転役	

この五つの新在住所のうち、那珂席田夜須御笠四郡の

郡奉行斎村孫蔵のそれについては史料がある。

（史料7・黒田家文書）

辰五月廿六日御本〆
左衛門殿御聞置

覚

私儀此節掛り郡の内、在住速かに引越し候様被仰付候条、早速に郡内相応の場所取調子候得共、寸度都合宜場所無御座候に付、雑餉隈町茶屋御渡し被仰付候儀は被為出来間敷哉、左候得は夫を根軸にいたし、幸い同所裏手に不毛の土地御座候条、家床に開き立て、役所の者住所に家作いたし候得ば第一田畑の費えも無御座、且つ四郡よりの諸御用夫、役宅え便利よろしく候間、材木伐りだし彼是付いて役所出財もよほど助かり可申候に付、何卒右の通り被仰付度、此段奉伺候事

五月

右の史料により斎村孫蔵の郡奉行在住所が雑餉隈の町茶屋に置かれたことを知るが、雑餉隈は宿場であり、これまで御茶屋奉行の職務であった宿駅業務を郡奉行が兼帯することになったことは注目すべきである。

このことは青柳宿に在住所をおいた浜新五兵衛の場合を見ても云える。浜が郡奉行として在住したのは青柳御茶屋であり、従来の青柳御茶屋奉行林金右衛門はその役を免ぜられている。従って宿駅業務をもこのたびの在住制郡奉行が担当したことになる。

さて、それではこの慶応四年五月に始まる郡奉行の在住制はいつまで継続したか。この点について嘉麻穂波上座下座四郡管轄の内野郡役所の場合を見ることにする。

慶応四年五月七日、御詮議掛りの澄川春吉郎が上記四郡の郡奉行に任ぜられ、穂波郡内野宿に在住することになった。このとき内野宿代官の職務を兼ねたことは高嶋与一郎文書の内野宿歴代代官名簿に彼の名前が見えることによってわかる。

志賀宅右衛門　五月廿五日引
嘉麻郡令　澄川春吉郎　巳十一月転役

即ち、内野宿代官志賀宅右衛門が五月二十五日に引退した後をうけ、澄川が内野に着任している。その肩書きの郡令は、明治元（一八六八）年十二月の藩治職制にもとづく改正で、郡奉行の名称が郡令となったことを指す。その管轄が嘉麻穂波上座下座の四郡であることには変わりないが、他の三郡を略して嘉麻郡令と称したのであろう。

さて、飯塚市教育委員会所蔵文書(7)に、明治三年から五年までの飯塚村から郡役所に差出した諸願書の控えがある。この願書の宛名を年月順に列記すると、郡役所および郡役人の名称の変遷を知ることができる。

明治三年・1　上座下座嘉麻穂波御郡御役所
・2　内野　　御郡局
・3　内野　　御郡局
・3　内野　　御司民署
・4　上座下座嘉麻穂波御司民署
・4　内野御司民曹
・8　内野御司民曹
・9　内野御司民曹
・閏10　内野御司民曹
・11　内野在住御民事方
・12　御民事方
明治四年・1　内野御民事方
・2　上座下座嘉麻穂波御民事方
・3　御民事掛り御役所
・4　御民事掛り御役所
・4　御出張御役所
・5　御民事掛り御役所
・5　福岡御藩庁
・7　福岡御藩庁
・8　福岡御県庁

以上の資料を整理すると、上座下座嘉麻穂波四郡管轄の郡役所が内野に設置されていた期間、つまり郡奉行の在住制の期間は明治元年五月から同四年五月までであり、その五月に内野在住所は廃止され福岡県庁に統合されたことがわかる。

（一九七〇稿・二〇一〇改）

注

（1）米・銭の褒美

①浜地文書（『福岡県史　第二巻　上冊』福岡県、昭和三十八年）

米三俵　志摩郡元岡村大庄屋　浜地新九郎

郡方改正に付、去る巳年、郡代在住被仰付置、事々宰判を遂げ候処、其方共えも御趣意能く勘弁いたし、触内宰判方行き届き候段相達し及御沙汰候、依之、為御褒美、右の通り頂戴申付候、此先弥出精可相勤候事

西八月（文久元年）

②安武文書（『福岡地方史研究』第三一号）

青銅一貫五百文　比恵村庄屋　大庄屋格　安武次作

郡方改正に付、去る巳年より我等共在住被仰付置、事々宰

判を遂げ候処、其方共えも御趣意能く相弁え出精いたし候
につき為褒美、右の通り相与え候、此先弥精勤可致候事

酉十月（文久元年）　明石半十郎

林文右衛門　印

（2）助け合い出金等

①林田文書（飯塚市山本宇兵衛氏旧蔵・複写）

丁銭二百七十八貫四百五十三文

穂波郡片島村　林田平右衛門

嘉麻穂波両郡取締年限相立て、借財道付けの儀、相諭し置き候処、御趣意勘弁いたし居村ならびに伊川村え右の通り救い遣し志を相立て候段相達し、奇特の至及御沙汰候、依之、格別を以て其方一代大庄屋格申付候事

午三月（安政五年）

②林田文書

穂波郡片島村　大庄屋格　林田平右衛門

居郡難渋村々道付につき金千両差し出し志を相立て候段相達し、奇特の至及御沙汰候、依之、格別を以て永代五人扶持被下、倅代まで大庄屋格申付候事

酉六月（文久元年）

（3）立花弾正とは、武谷祐之の「南柯一夢」によれば安政二年一月の家老の一人立花平左衛門のこと。
「長溥公直宰、立花平左衛門執政タリ、又御財事元〆家老トモ云、大倹ヲ執行、古格ヲ破リ諸株ヲ廃シ庶政緒ニ就キ黒田ノ御唱号ヲ賜リ黒田弾正ト改メ五百石加増二回ニ及ベリ」

（4）高嶋文書「諸方御用条目帳」（高嶋正武氏蔵）。

（5）「底井野覧古」能美安男校訂（『八幡市文化財報告』七輯、一九六二年）。

（6）武谷祐之「南柯一夢」井上忠校訂（『九州文化史研究所紀要』11号、一九六六年）。

（7）「飯塚宿庄屋差出帳控」飯塚市教育委員会蔵。拙稿「福岡藩の大庄屋と触口・明治初年の郡方改正をめぐって」（『福岡地方史談話会会報』第一一号、一九七一年）参照。

【追記】郡役人がその管轄郡内に在住する場合、その在住所には宿場町が多く充てられたようです。宿場が持つ行政上の役割を考える意味から、旧稿（未発表）ですが特集に寄せさせていただきました。

旅籠の伽《とぎ》

■特集■峠・街道・宿場町⑤■

佐々木《ささき》哲哉《てつや》

飯盛旅籠と浪花講常宿

江戸時代、庶民が旅の道中で泊まる宿には木賃宿と旅籠屋があったが、旅籠屋はまた、旅客を宿泊させるだけの平旅籠と、飯盛女を置いて客の枕席に侍らせる飯盛旅籠とに分かれていた。

木賃宿は、旅行者が携帯した米もしくは干し飯を炊ぐための薪代（木銭）を受け取って宿泊させる形式のものであったが、その後、宿泊者が米を買って自炊し、その米代と薪代を払う木銭・米代形式になり、やがて、宿屋に食事一切を任せる旅籠形式になって、安宿のことを木賃宿と呼ぶようになった。旅芸人や行商人、渡り職人、下級の遊行宗教者などが利用していた。

旅籠屋は宿屋の方で食事をしつらえて客に提供するもので、大名の家臣や、大店《おおだな》の商人、社寺参りを兼ねた物見遊山の旅人など、比較的金銭にゆとりのある者が宿泊した。飯盛女を置いて泊り客の枕席に侍らせ夜の伽をさせる飯盛旅籠は、江戸中期ごろから、庶民の旅が多くなり旅籠の利用が進むにつれて平旅籠を凌駕し、宿駅の繁盛をもたらす刺激剤のようになった。

「飯盛女」は俗称で、幕府法令では「食売女《めしうりおんな》」と表記されている。原島陽一氏は、「江戸時代の旅宿にいた期限付きのいわば半公認の私娼の俗称」として、次のように述べている。

> 交通の要地にはすでに平安時代には売春婦がおり、交通と経済の発展に伴い、その数は増加した。江戸幕府は公娼遊郭制をとり、一六五九年（万治二）には道中筋の遊女を厳禁したが、その後これを「食売女」として認め、道中奉行の支配とし、一旅館二人以内（江戸四宿は宿内全人数制限）、衣服は木綿着用と定めた。

左から，浪花講看板と浪花講定宿帳（伊勢～大坂版。以上大坂・玉造稲荷神社蔵）

しかし、人数制限は守られず、さらに飯盛の認められない所では「洗濯女」などの名で雇うこともあった。飯盛の容認は、その収益が宿駅の助成となったためで、飯盛を遊女ではなく給仕女とみなしたのは幕府の自慰的手段に過ぎない。（原島、一九八五）

一方、宿泊客の方でも飯盛女が抱えられていて夜の伽をしてくれることは、開放感とともに悦楽を期待して旅する男を満足させた。新城常三氏はそうした旅先での男の浮気を、古川柳の「旅日記この二百はえ二百はえ」を引用して、「女房が旅日記の中から使途不明の二百文を見つけて、亭主の胸ぐらをとっている家庭争議の風景である」とユーモラスな指摘をしている（新城、一九七一）。

このような飯盛旅籠の増加が街道宿駅の風紀を紊乱させることになったので、その弊風打破のため、旅館組合の先駆ともいうべき「浪花講」その他の講が各地に起こった。「浪花講」は、大阪玉造上清水町（現・大阪市中央区東雲町通）で、綿打ちのための唐弓の弦を商っていた松屋甚四郎の手代源助が、諸国を行商しているうちに、一人旅の宿泊を断る宿や、飯盛女を置く宿などが多く、安心して泊まれる宿選びに難渋したので、誰もが安心できる旅籠の組合をつくることを思い立ち、自らが発起人となり、文化元（一八〇四）年、松屋甚四郎と江戸の鍋屋甚八を講元とし、三都にそれぞれ世話人を置いて、旅宿組合「浪花組」を結成したのが始まりである。

この浪花組は天保十二（一八四一）年に「浪花講」と改称しているが、全国主要街道筋に真面目な優良旅籠を指定し、加盟宿には扇に日の丸を描き浪花講と記した目印の看板をかけさせるとともに、旅人には同じ図柄の鑑札を渡し、宿泊の際には提示するようにした。そして、旅籠屋には、浪花講の規定（賭博、遊女買い、酒宴・喧騒などをする旅客の止宿禁止）の遵守を義務づけた。また、『浪花組道中記』、『浪花講定宿帳』（または『諸国定宿帳』）を木版刷りで出版し、各宿駅ごとに講加盟の旅籠屋や休所の名とともに、道案内を兼ねた情報を掲載したので大いに好評を博し、五街道、脇街道など全国に及

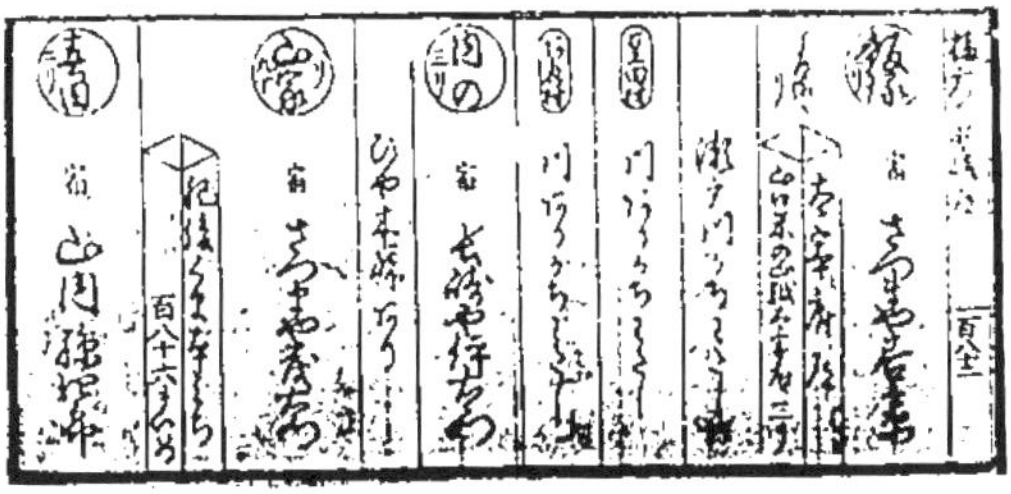

筑前六宿の浪花講定宿（『諸国定宿帳』より）

んだ。類似の講としては、大坂を講元として京都・江戸に世話方を置く「三都講」や、江戸の「東講」などがあった。

浪花講定宿が管見に入ったのは、福岡県教育委員会が二〇〇一年から二年にかけて実施した「歴史の道調査」で、長崎街道を調査していた時のことである。近藤典二氏の『筑前の街道』（近藤、一九八五）に、浪花講定宿のことが記されており、『諸国定宿帳』の写真を附して長崎街道沿いの筑前六宿に一軒ずつの定宿が指定されているのを取り上げている。即ち、黒崎―関や孫七、木屋瀬―石橋甚三郎、飯塚―さつまや善兵衛、内野―長崎や伊右衛門、山家―さつまや茂右衛門、原田―山内孫四郎の六軒である。

『諸国定宿帳』は縦約六センチ、横一二センチぐらいの、旅人が懐に入れて持ち歩ける小さなもので、その中に大坂を中心として各地へ延びる街道筋の定宿が記されている。筑前六宿の一つである木屋瀬の郷土資料館に収蔵されている『定宿帳』は、表紙が剥離しているが、奥付に「嘉永四年正月」とあるので、大阪府立中之島図書館所蔵の嘉永五（一八五二）年改正増補版『浪花講定宿帳』と同種のものかと思われる。

最初、疑問に思ったのは「浪花講」の呼称である。「講」は元来仏典を講義する法会を意味するが、転じて神仏を祭り、または参詣する同行《どうぎょう》で組織する団体を指すようになり、伊勢講・稲荷講・金比羅講などが知られている。浪花すなわち大坂にそうした信仰の対象となる神社・仏閣があっただろうかという疑問である。小学館の『日本国語大辞典』がその答を出してくれていた。「【浪花講】江戸時代、大阪商人が発起した旅宿組合の一つ」として、「飯盛旅籠屋による旅宿の風紀紊乱を粛清する目的で」と、さきに記した内容のことが簡潔に記されていた。

長崎街道の筑前六宿にそうした「浪花講定宿」が指定されていたということは、各宿場に飯盛旅籠が存在していたことの証左である。そこで次に考えられることは一軒の旅籠に常時何人ぐらいの飯盛女を抱えていたかということである。勿論そうした資料は見当たらない。ただ、言えるのは、季節的に泊り客の集中する時期があったということである。典型例が伊勢参りである。「一生に一度は伊勢参りを」というのが、閉鎖的な農村で暮らす農民の切なる願いであった。多くの村で同年輩のものが伊勢講を作って積金をし、ある程度講金が貯まったところで、春か夏の農閑期に参宮を思い立つ。人数はほぼ十四、五人程度。「参宮同行」といい、帰村すると村の神社に絵馬や玉垣を奉納したりして、その後はその仲間が終生兄弟同様の付き合いをするのが見られた。

　各地からの伊勢参りが集中する春と夏の農閑期は、宿場が最も繁盛する時期でもあった。そのことに触れた興味深い記事がある。吉原勝氏の『長崎街道物語』（吉原、一九六三）「原田宿」の項で、飯盛女のことが次のように記されている。

　旅籠にも百姓の内職のものと女を抱えおいて、季節的には春夏が栄えた。百姓を兼ねたものは専心的でなく、女持の方は毎日銭を上げ生活が豊かであった。原田宿でもこのように農、商二業があった。（中略）旅客の多い季節には臨時アルバイト式に近所から加勢に行った。中には飯盛という女がおる所に好んで宿泊し、その数が全国にも増したが、原田宿でも町内の外、田舎村の上原田には宿女が見られたと古老の語る所である。飯盛の外に、留女、出女、遊女、おぢゃれがある。宿場の風俗が乱され、役人の目を光らし、村人にも白眼視された。表向は炊事婦だが、遊女の領域迄侵し、服装も華美、三味を弾き、私の幼時、この一人の老女がいたのを知っておる。

　常在の飯盛女のほかに、多客時には臨時に近隣農村から飯盛女を雇っていたということで、こうした日雇い稼ぎが、現金収入の少なかった農家の家計を潤していたことにもなる。

英彦山参りと筆おろし

北部九州の社寺参りで、伊勢参りに次いで多かったのが英彦山参りである。鎮西修験道の拠点であった英彦山は、九州一円に檀家を擁し、一大勢力を誇っていた。英彦山の各坊と檀家との繋がりは、もっぱら定期的にそれぞれの檀家地域を巡る廻檀によって保たれていたが、陰暦二月十四・十五両日に催される全山をあげての祭礼行事「松会《まつえ》」に、自坊を宿坊として各地の檀家を招待することで一層緊密なものとなっていた。

　松会は斎庭《ゆにわ》の中央に巨大な柱松を立てて神事を行うところからその名があり、神輿の出御する神幸祭と、それに付随する獅子舞・神楽・流鏑馬、長刀や鉞による演武のほかに、「御田祭《おんださい》」（御田植祭）を伴う祭で、初源は室町時代に遡ると見られている。

中でも御田祭は神前で田打ち・畦塗り・耙《まぐわ》・代掻き・種蒔き・田植えと一連の農耕所作を演じる予祝神事で、春の農耕開始前に各地の農民を招いて行うにふさわしい行事であった。そのクライマックスが「種蒔き」である。

松会の景況を写実的に描写した「英彦山権現祭礼絵巻」（一巻、寛政四〔一七九二〕年、松浦史料博物館蔵）には、大講堂の縁から種籾を散布する図が描かれているが、蝟集《いしゅう》した参詣者が争ってそれを拾い受けている模様が活写されている。ここで散布される種籾は苗代田に撒くと虫封じになるという俗信があり、それを受けて帰ることが参詣者の目的の一つで、松会への参詣を「種蒔きに参る」とも言っていた。これがいわゆる「英彦山参り」で、代参者を送るために各地で「英彦山講」が組織されていた。

英彦山講にはムラあるいはクミ内の全員が加入し、講金を積み立てて代参者を送り、代参者は檀越《だんおつ》関係を結んでいる坊を宿坊とし、松会では御田祭で講中に配る種籾を受け、神札・神水（旱魃除け）・熊笹（牛馬の疫病除け）のほか、英彦山ガラガラ（土鈴――魔除け）・杓子などを土産に下山した。代参者を迎えるサカ迎えはムラ境を越えて遠くまで馬を曳いて行くこともあり、慰労宴も盛大を極めたという。

英彦山参りは俗に「半参宮」と呼ばれ、伊勢参りに次ぐものとして北部九州（豊前・豊後・筑前・筑後・肥前・肥後）の各地に流行を生み、一生に一度は参詣すべきものとされていた。

英彦山参りの道筋は、豊前からは伊良原谷・津野谷・落合谷を通って英彦山へ、筑前北部からは嘉麻峠・小石原経由で、肥前・肥後・筑後・筑前南部からは甘木を経て佐田谷・江川谷に入るか、杷木から入るかして小石原経由で、豊後からは日田経由または守実経由で小野谷あるいは奥耶馬越しに英彦山へ、ということになっていた。これらの道筋は「導者往還」と呼ばれ、松会の前々日あたりから、参詣者が引きもきらず、「蟻の熊野詣で」にも似て蜿蜒《えんえん》長蛇の列をなしていたという。

帰途はまた同じ道を下るが、花笠を被り、熊笹を腰に挟み、土産の包みを背にして杓子を叩きながら通る英彦山導者に、沿道の子供たちが群がって囃し立て、銭を貰っていたという記憶が、古老の語り草になっていた。「英彦山権現祭礼絵巻」でも往時の盛況を「諸国参詣多キ年ハ凡ソ七、八万積リ関所ニテ分之」とその末尾に記している。

特筆すべきはこの英彦山参りに若者組の加わっていた

ことで、甘木市（現朝倉市）秋月の眼鏡橋若者連中の「明治十七年旧六月　若者帳」には、「二月十六日彦山参詣酒《ママ》迎へ迄致候事」という記載が見られる。若者組からの英彦山参りに帰着後の慰労宴を設けるという規約である。若者組の英彦山参りは、さきの英彦山講が組織されていた村々を中心として各地に見られたが、ムラの英彦山講とは別個に、若者頭が指揮を取って同行を募り、出発後も一行を取り仕切っていた。これには新入り（新しく若者組に加入した者）が加わることになっており、初参りを済ませた男子はその日を境にムラの公役の労銀が一人前になったり、嫁を迎える資格ができたと言ったりしていた。

　こうした事例から窺われることは、若者組の英彦山参りには、単に若者連中が連れ立って英彦山に参るというだけでなく、成人儀礼的な要素が含まれていたということである。八女郡星野村では、数え年十六歳になった若者が、若者頭の許へ酒一升を持参して若者入りをしたのち、小参宮と称して一泊ないし二泊の英彦山参りをしたが、下山の時には化粧をし、英彦山ガラガラなどを土産に、道中杓子を叩きながら帰り、盛大なサカ迎えを受けていたという。

　若者が成人儀礼として霊山に参る「初山入り」の風習は全国的なもので、中山太郎氏は『日本若者史』（中山、一九三四）に、富山県下の立山参り、佐渡の金北山参り、津軽の岩木山参り、大和の大峰山参りなどを挙げているが、なかでも岩木山参りが著名で、十六歳になった若者が水垢離をとり浄衣をまとって登山し、帰途には烏帽子と仮面を被って異装をなし、何がしかの山の物を持って下山していたという。さきの星野村の事例で、下山の時に化粧をし、山の物を土産に帰村するところに山霊を身に付けて戻るという共通の要素が見られる。

　若者組の英彦山参りに見られるいま一つの成人儀礼に、参詣を済ませたあと、下山の途中に泊まる宿での「筆おろし」がある。初めての性体験で、「筆おろし」がすむと一人前の資格を得たとみなされた。「英彦山参りを済ませていない者には嫁にやるなと」という伝えもあった。

　古老の話によく出て来るのが小石原と甘木の宿である。なかでも小石原は、筑前・筑後・肥前・肥後からの道が、総てここを経由しており、『筑前国続風土記拾遺』にも、通路が四通八達した交通の要衝で宿駅のあったことが記されている。旅籠屋については『小石原村誌』に、「明治・大正期の小石原宿」として十二軒の宿をあげており、なかには二階建てもあったと記されている。

　そこで浮かんで来るのが、陰暦二月十五、六日頃に集中する各地からの若者組による英彦山参りの「筆おろし」に、この宿駅がどのような対応をしたか、ということである。考えられるのは、長崎街道の飯盛旅籠が春と夏の農閑期に集中する社寺参りに、遊客の枕席に侍らせる者を近隣農村に求めていたのと同様のことがあったのではないかということである。

ただ、この旅籠の伽で意味合いの大きく異なるところは、前者が単なる泊り客の悦楽のためであったのに対し、後者即ち初山入りの「筆おろし」は通過儀礼の要素を持っていたということである。初の性体験は童貞との訣別で、若者頭の指揮のもとで成人仲間への加入が認められる神聖な儀式であった。そして、その相手を務めるのは、そうした初体験に手ほどきのできる、ある程度の経験を積んだ者でなければならなかった。この場合、そうした相手を宿場内だけでなく近隣の農村に求めたとしても、それは極めて当然の成り行きであったということになろう。

【参考文献】

原島陽一「飯盛女」（平凡社『世界大百科事典』一九八五年）

新城常三『庶民と旅の歴史』日本放送出版協会、一九七一年

大阪府立中之島図書館　小展示資料「浪花講定宿帳と道中記」二〇〇一年

近藤典二『筑前の街道』西日本新聞社、一九八五年

『日本国語大辞典』小学館、一九七五年

吉原　勝『長崎街道物語』（私家版）一九六三年

佐々木哲哉「彦山の松会と祭礼絵巻」（山岳宗教研究叢書⑮『修験道の美術・芸能・文学 Ⅱ』名著出版、一九八一年）

佐々木哲哉「英彦山詣りと成人儀礼」（『教育と医学』一九八五年八月号、慶応通信）

中山太郎『日本若者史』春陽堂、一九三〇年

『小石原村誌』小石原村、二〇〇一年

峠の道守り

河《かわ》島《しま》悦《えつ》子《こ》

山峡、峠——それが国境や郡境に位置することが多いせいか、幾多のドラマに彩られいまに語りつがれている。なかでも、長崎街道冷水峠などは、慶長十七（一六一二）年に開通し、大正七（一九一八）年に新県道が造られ道としては短い使命を終えたが、我が国の近代化への貢献には大なるものがあったと言えよう。

名にしあふ冷水峠雪降れど身は汗水になりて山越え
天明五（一七八五）年　大槻玄沢

年よりの冷水峠越えてみん登り下りに息や切るると
文化二（一八〇五）年　太田南畝

現在、難所といわれた所は戦後の国道２００号線工事で切り落とされ、わずかに残った所も平成十七年の玄界沖地震、再々の豪雨で瀕死の重傷にあえいでいる。参勤交代の西南諸大名、享保の象、文政のラクダ、オランダ商館の人々が踏みしめた道が、峠の北側に里道として地元民の善意で辛うじて生きているのみ。

江戸期を過ぎて暫くは、どの峠にも自発的な道守りがいた。内野麓に住み、半世紀に及ぶ道守りを続けられた佐藤久樹氏は、冬期以外は常に鎌で草刈りが日課だった。礼を述べると、「通る人があるからやっているのです」。淡々とした顔で「山道は一年手入れを怠ると藪になる。昔はそうじゃなかった」と氏は言われた。シーボルトが「森林伐採区」と日記に記したように、我が国の主要道では草木は除かれ旅人の安全が計られていた。

現在の鬱蒼とした山中の細道とはいささか趣が異なる。「終戦ころまでは日当たりの良い禿げ山で、秋はセンブリ摘みが楽しみだった」と、峠茶屋周辺の住民は過ぎし遠い日を懐かしむ。

「だから、石畳に落ち葉は積もらんけん水捌けだけ考えとけばよかった。草は牛馬の餌や、田畑の肥料として人々が競って刈る。松葉は燃料になるから足りんくらいじゃった」

このあたりの山は松山だったと記憶している。筑豊炭田が栄え坑木として出荷、いまは死語となったが、〝坑木成金〟という言葉も生まれた。

松が伐られ、跡地に杉が植林され、公有地には雑木（昔は木炭の原料）が茂り陽光を遮る。三百年間、旅人の草鞋で磨かれ輝いていた石に苔がついた。

苔は枯れ葉を引き止め腐葉土を作る。一雨ごとに流れ出る山砂は溝を埋め、石畳にかぶさり、その上に雑草が生い茂り、三メートル余の道幅を半分にした。その頃、佐藤氏はこの世を去られた（合掌）。道守りを失った古道は荒れ放題、輸入材に押され買い手もない杉は僅かの風でも倒れ道を塞ぐ。

その頃皮肉にも全国で古道ブームが起こった。ネット上で冷水峠の悪名が流され、国道を歩いた旅人は〝殺人街道〟と名付けた。一日に大型トラックが一万三千台余行き交い、歩道もない国道は到底人間が歩ける道ではない。辛さ悔しさに身もだえした日々のなかで悟った。太古、道は無かったはず、道は造ればよい。小さな道標と二、三〇センチ幅の道を造れば、ウオーカーが不安もなく内野宿、山家宿に辿り着ける。コロンブスの卵だった。

地籍図と首っ引きで公有地内での迂回路造りに立ち上がる。協力者も僅かだが現れた。ただただありがたく伏し拝む思いでいる。迂回路造りもどうやら完成したが、あとは一昼夜に一〇センチ余も伸びてゆく夏草や竹の処理をする道

国道脇の長崎街道迂回路

守りの仕事が始まった。私の道守り範囲は三県にまたがる。かつての峠道守りはすべて故人となられた。

武雄市淵ノ尾峠では、横に舗装路があるので迂回路の道標を建てようとすると、地元住民から「私たちが手入れをするから、昔の道を使って……」と頼まれ、街道の草むらに道標を建て翌年訪ねると、雑草がはびこり歩ける状態ではない。それ以来、自分たちで刈る羽目となる。

佐賀・長崎県境の俵坂峠、かの二十六聖人が博多を通り、唐津山本、塚崎城（武雄）で泊まる。俵坂で休憩時に中心人物のペトロ・バウティスタが号泣したといわれているが、筆者も涙をこぼした。ペトロ・バウティスタはフランシスコ会を弘教できずに死ぬことを嘆いての涙であろうが、当方は草勢で今日中に終わらぬ情けなさについ……。

峠は今も悲喜交々の物語を重ねながら、一歩また一歩と老いの道を辿っている。峠には不滅のドラマが刻まれている。これらの峠道を失うなかれ、光り輝く未来あれ！と焦がれるように願うのみ。

汗して歩いてくださる方々へ、こころから「ありがとう」の声を届けたい。

論文

安川敬一郎と北九州・福岡

【二〇〇九年度総会記念講演を改稿】

日比野《ひびの》利信《としのぶ》

一　安川敬一郎　地方企業家から「地方財閥」へ

安川敬一郎は一八四九（嘉永二）年四月十七日、福岡藩士徳永貞七（省易）の四男として生まれた。一八六四（元治元）年安川岡右衛門の養子となり、一八六六（慶応二）年岡右衛門の四女峯と結婚して家督を継いだ。長兄は徳永織人、次兄は松本家に養子に入った松本潜、三兄は幾島家に養子に入った幾島徳である。

四兄弟について、「明治初年福岡藩士分限帳」(1)で確認すると、

徳永　織人　百石　郡方吟味役
松本　潜　御切米拾弐石五人扶持　城代組
　　春吉中ス
幾島　徳　御切米十三石四人扶持　三ノ銃士
　　春吉中洲
安川敬一郎　御切米拾七石五人扶持　無足組
　　六本松上ノ町

と出ている。実家の徳永家は亀井派の儒学者の家であり、伯父の徳永玉泉は亀井南冥の長男昭陽の弟子だった。また、次兄松本潜の義祖父松本平内は福岡藩の地方役人で、焚石仕組（石炭専売制）を献策した人物として知られる(2)。ここでは、安川が福岡藩の下級武士だったこと、儒学者の家に生まれたこと、次兄が継いだ松本家が石炭専売制を献策した松本平内を出した家だったことを確認しておきたい。

明治維新の後、安川は京都・静岡・東京に留学し、慶應義塾に入って学問の道を目指した。しかし、一八七一（明治四）年、長兄徳永織人が福岡藩贋札事件の責めを負って刑死、一八七四（明治七）年には、三兄幾島徳が

佐賀の乱で戦死（政府軍）したため、余儀なく帰郷して次兄松本潜とともに石炭業に着手した。安川は下級武士（士族）として常に資金難に苦しんだが、その後、日清・日露の両戦争を経て地方企業家として急成長し、石炭業を確立、織物・紡績・電機・窯業などに進出して事業を多角化し、「地方財閥」[3]に発展した。二男の松本健次郎（一八七〇～一九六三、次兄松本潜の養子に入った）と三男の安川清三郎（一八七七～一九三六）がそれを支えた。また、安川は私立明治専門学校を創立し（一九〇九年開校）、後進の育成に努めた。現在の九州工業大学である。

安川敬一郎に関する先行研究は数多い[4]が、最新の研究に、有馬学氏の編による『近代日本の企業家と政治―安川敬一郎とその時代―』[5]がある。私の勤務先である北九州市立自然史・歴史博物館が所蔵する安川家文書を活用した共同研究の成果である。その中で、中村尚史氏の論文「安川敬一郎の事業活動と資産形成―明治期を中心に―」は、経営史料を初めて全面的に活用し、安川が地方企業家から「地方財閥」に成長する経緯について、資金調達と資産運用の面から明らかにしている。特に、鉄道国有化によって、集積した鉄道会社株が国債に転換し、莫大な資産を獲得したという指摘は重要で、日露戦争の軍需に安川の経営発展を求める従来の説明に修正を迫った。また、有馬学氏の論文「企業家の政治活動における〈国家〉と〈地方〉―安川敬一郎と大正前期の政界―」、季武嘉也氏の論文「貴族院議員・安川敬一郎―「実際家」の普選法案反対活動―」は、従来ほとんど注目されていなかった安川の大正時代の政治活動について検討したものである。松本洋幸氏の論文「日露戦後の若松町と安川敬一郎―若松水道敷設を中心に―」は、一八八七年以来安川が本拠地を置いた若松町の上水道敷設問題に、安川がどのように関わったか検討している。

安川敬一郎は詳細な日記を書き残していて、北九州市立自然史・歴史博物館が資料集として翻刻・刊行を進めている。全五巻の刊行計画で、すでに第二巻まで刊行した。その校訂・解題を私が担当しているが、第一巻の作業をもとに書いた拙稿「日清・日露戦間期の安川敬一郎」も前掲論文集に収録されている。

私はその中で、安川敬一郎と地域社会との関係を明らかにする必要性を指摘し、若松町や門司市との関係について言及した。今回の講演では、日記刊行に関わる作業と、論文集の各論文の成果をふまえて、安川が本拠地を置いた若松町（一九一四年市制施行）と戸畑町[6]（一九二四年市制施行）、さらに、出身地の福岡市について、安川がそれぞれの都市・地域社会とどのように関わったのか検討してみたい。換言すれば、安川にとって「地方」とは何だったのか、逆に「地方」にとって安川はどのような存在だったのか考えてみたいということである。その先には「地方財閥」と言う時の「地方」とは何かというテーマが展望されるだろう。もとより、検討はまだまだ中途に過ぎないが、現時点での整理・素描を行うことによって、今後の研究の方向性と可能性を探ってみたい。

二　安川敬一郎と北九州

1　北九州の経済発展の象徴的存在

安川敬一郎の石炭業については、生産―輸送―販売の全局面について総合的に事業を展開した点に大きな特色・強味があった。安川は日清・日露戦間期から日露戦争後にかけて、炭鉱経営を拡充・再編成して、明治・赤池・豊国という筑豊の三炭鉱を単独で経営するにいたった。三炭鉱を統合して一九〇八（明治四十一）年に設立したのが明治鉱業株式合資会社である。産出された石炭は主に鉄道によって若松または門司（あるいは若松経由で門司）に輸送され、若松港または門司港から積み出された。安川は筑豊興業鉄道株式会社（後に九州鉄道株式会社に統合）や若松築港株式会社の設立（一八九〇年）に中心的に関わり、重役となって経営に参加することによって、石炭輸送の安定・拡充を図った。また、安川商店（後の安川松本商店）を開業し、支店を神戸（一八八五年開業）、大阪（一八八六年開業）、門司（一八八八年開業）に置いて販売促進に努めた。

石炭の生産―輸送―販売の統一的発展を目指した安川の経営方針は、次兄の義祖父松本平内が進めた福岡藩の石炭専売制（石炭の生産―輸送―販売を藩が一括管理する）と重なり合うものだったと言えるだろう。資金難に悩まされる中で、進出する中央資本と密接な関係を構築しつつも、自立的・対等的に事業を推進するためには、生産―輸送―販売を一貫して掌握することが不可欠だったと思われる。

安川が石炭業を確立したのは日露戦争後のことで、日清・日露戦間期はその前提として、経営体制・資金力・人脈などの点で政治的・経済的蓄積を進めた時期と言うことができる[7]。同じ日清・日露戦間期、北九州経済は筑豊の石炭の輸送・積出を基幹として飛躍的に発展した。また、日清戦争の賠償金を元手に官営八幡製鐵所が建設されたが、それもまた筑豊の石炭を前提にした立地だった。官営八幡製鐵所の建設は関連産業の勃興を促し、北九州の工業発展の原動力となった。

しかし、筑豊炭の生産―輸送―販売の全局面で三井や三菱など中央資本の進出が目覚ましかったし、北九州経済発展の最大の動因は官営八幡製鐵所の建設という国家事業だった。こうして、国家や中央資本に依存する一方で、筑豊の石炭業の動向に大きく左右されるという北九州経済に顕著な性格が形成されたのである。

そうだとすれば、中央資本と密接な関係を構築しつつ、石炭の生産―輸送―販売を一貫して事業を展開し、特に石炭輸送のための鉄道と港湾の整備に尽力して、事業発展を実現した安川は北九州の経済発展を象徴する存在であったと言えるだろう。そして、安川は官営製鐵所の八幡誘致に尽力した立役者の一人でもあったのである。

2 安川敬一郎と若松

一八八六(明治十九)年、安川敬一郎は本拠地(商店本店と居宅)を芦屋から若松に移した。日露戦争後、戸畑(中原)に私立明治専門学校が開校(一九〇九年)すると、学校の隣接地に居宅を移したが[8]、商店本店は引き続き若松に置いた。

一八九六(明治二十九)年五月九日、安川は若松築港株式会社の取締役会長に就任し、一九〇〇(明治三十三)年十月二十九日まで在任した(社長は空席、退任後は取締役に就任[9])。安川が取締役会長に就任したのは、官営製鐵所の建設地が検討されている最中であった。安川は若松港の拡張工事の実施を条件として、官営製鐵所の八幡誘致運動を中心的に推進し、建設地が八幡に決定すると、約束通り若松港の拡張・改良工事に取り組んだ[10]。

また、若松には筑豊石炭鉱業組合の本事務所が置かれていたほか、若松石炭商同業組合や若松石炭取引所があった。安川は一九〇三(明治三十六)年十月に筑豊石炭鉱業組合の総長に就任し、一九一一(明治四十四)年三月まで在任した。一八九六年五月に開業した若松石炭取引所の初代理事長も務めた。筑豊の炭鉱経営者にとって、石炭の集散地である若松は最重要拠点であって、中でも安川はその中心的存在だった。

このような安川の事業活動と存在感を考えれば、安川は若松町(一八九七年町制施行)の町政に密接に関わっていたことが予想される。実際、安川は若松町の町会議員だった。若松町会議録(明治時代については、一八九七~一九〇〇年、一九〇四年、一九〇七年以降分が残されていて、北九州市立文書館に所蔵されている)によれば、一八九八(明治三十一)年五月二十三日に始まる町会から町会議員として登場している。在任期間は判然としないが、一九〇四（明治三十七）年五月十三日の町会には出席していて、少なくともこのころまでは在任していたことが判る（もちろん途中退いていた可能性もある）。しかし、町会議員の出席者が判明する一八九八年から一九〇〇年までの間、安川は一八九八年十一月十二日と一八九九（明治三十二）年十一月十八日の二回しか出席していない。何故か。

詳細は拙稿に譲るが、安川にとっては、地元だけでなく東京や大阪に文字通り東奔西走し、人脈を活かしてさまざまな交渉を行うことが最優先であって、若松町会に出席することはそれほど重要ではなかったのではないか。安川にとって若松は事業活動の拠点であったが、町政に直接関わる意志は乏しかったように思われる[11]。

しかし、安川はその存在感ゆえに、町政と無関係でもいられなかった。安川は特に政争を嫌悪したが、逆に集団間・党派間の調停役という立場に位置することになった。例えば、一九〇一（明治三十四）年九月、洞海湾岸の塩田埋立をめぐって艜組合と町会が衝突した際、蒲瀬瀧千町長から相談を受けた安川は「為其双方ノ不利益を生ス」と考えて、「之カ分解疎通」に尽力している[12]。

一九〇七（明治四十）年五月一日の「日記」には、「町会撰挙件ニ関スル紛議ノ顛末ヲ聞ク、（中略）善後策ニ対シ相談ノ件アレトモ、敢テ余之容喙ノ必要ナシ、其成行ニ任セ置タリ」とある。前掲松本論文によれば、当時の若松町会では主流派の憲政本党派と非主流派の政友派の対立が激しかった。同年四月の町会議員選挙を前に、政争を回避するべく、両者の妥協が成立して「若松同志会」が結成されたが、町会議員選挙では妥協が破れて「紛議」となったようである。その際、安川は「紛議」に「容喙」せず「成行ニ任セ」るとし、「紛議」に関係した店員には辞職を命じている。

次に、若松町の企業との関係を見よう。前掲中村論文によれば、一九〇五（明治三十八）年末の時点で、安川は

若松築港株式会社	二二三三株
若松貯蓄銀行	八三四株
若松電灯株式会社	一二五株

を所有していた。若松築港株式会社の経営の中心に安川があったことは前述した通りである。若松貯蓄銀行は一八九六年七月に開行し（資本金六万円）、石炭商の杉山松太郎が専務、安川の次兄松本潜が取締役に就任し、安川は相談役として参加した。石炭商を中心に設立・経営された銀行だったが、その後、経営不振に陥ったため、一九〇二（明治三十五）年、安川は同行を買収し[13]、一〇

万円に増資した[14]。一九〇八（明治四十一）年、明治・赤池・豊国の三炭鉱を統合して明治鉱業株式合資会社を設立した際、若松貯蓄銀行は同社の借入金の七・一％を占め、銀行では三井銀行（一五・九％）に次ぐ第二位、全体でも第五位の借入先だったのである[15]。若松電灯会社は安川などが発起人となり、一八九八年七月に開業した（資本金五万円）[16]。

また、安川は若松町の上水道敷設に尽力している。水源に乏しい若松町の上水道は、官営八幡製鐵所が遠賀川から引水した鬼ケ原貯水池から分水し、戸畑牧山の浄水場から洞海湾の海底を通して若松町へと引水するもので、約六十七万円の工費と二年半の工期をかけて、一九一二（明治四十五）年三月に完成、四月から給水を開始した。日露戦争後の「水道熱」の中で、町営の水道としては初めて国庫補助金（一五万六〇〇〇円）が下付されている。若松町の上水道敷設、特に国庫補助金の獲得に関する経緯や政治状況については、前掲松本論文に詳しい。安川は官営八幡製鐵所に対して積極的に交渉するとともに、福岡県選出の代議士で政友会幹部の野田卯太郎の協力を得て、内務大臣原敬に陳情を重ね、国庫補助金獲得に力を尽くした[17]。

若松は石炭積出港として著しい発展を遂げたが、それ以外の企業勃興は顕著ではなかったと言うべきである。したがって、安川にとって若松の企業は有力な投資先というよりも、設立の中心となり、あるいは経営に参加する対象だった。安川はそのような企業活動を通して、事業の発展を目指したと言えるだろう。

筑豊の炭鉱経営者である安川にとって、石炭輸送・販売の拠点である若松町は最重要の地であり、若松築港株式会社の重役としても、町の動向に無関心ではいられなかった。上水道敷設や電灯会社設立など町のインフラ整備に尽力したのもそのためである。しかし、町政に直接関わる意志は乏しく、町会議員ではあっても町会にはほとんど出席せず、党派間の政争に加わることもなかったのである。

3　安川敬一郎と戸畑

日露戦争と鉄道国有化によって莫大な資産を得た安川敬一郎は織物（一九〇六年大阪織物合資会社、資本金三十万円）、紡績（一九〇八年明治紡績合資会社、資本金二百万円、）電機（一九一五年合資会社安川電機製作所、資本金二十五万円）、窯業（一九一八年黒崎窯業株式会社、資本金百万円）など石炭業以外に進出して事業を多角化し、「地方財閥」に成長した。そのうち、明治紡績の本社は戸畑町に置かれ、明治鉱業の本社も一九一九（大正八）年に頴田町から戸畑町に移転した。また、私立明治専門学校を創立し（一九〇九年開校）、自宅を若松から戸畑に移した。

安川が戸畑に本拠を移して「地方財閥」としての活動を開始した明治末から大正前半にかけて、戸畑町は著しい工業発展を実現した[18]。合資会社戸畑耐火煉瓦製造所（一九〇三年）、明治紡績合資会社（一九〇八年）、戸畑鋳物株式会社（一九一〇年）、旭硝子株式会社牧山工場（一九一四年）、明治製糖株式会社戸畑工場（一九一六）、東洋製鐵株式会社（一九一七年）、明治鉱業株式合資会社本社移転（一九一九年）というように、さまざまな会社・工場が立地した。つまり、安川の戸畑での活動開始と「工業戸畑」の形成と称される戸畑の工業発展は同時期だったのである。そのため、安川が戸畑に設立・経営したのは少なくともこの時点では明治紡績だけだったにもかかわらず、安川は「工業戸畑」形成の中心人物として位置づけられることになったと思われる。

安川が創立した私立明治専門学校は、戸畑（中原）の原野七万八七一六坪（買収費は坪三十八銭で二万九九一二円余となる）を開いて造成した敷地内に教員住宅と学生寮（全寮制）、さらには医局・郵便局・小学校のほか、電気・ガス・水道を備えていて、教員（とその家族）と学生から成る独立的な生活共同体を形成していた。それは「明専村」と呼ばれ、工業と教育を軸とするユートピア構想の表現としてさえ評価されるが[19]、本講演のテーマに即して言えば、「明専村」が戸畑の町とはほとんど独立した存在であったことに注目しなければならない。

「明専村」の居住者数について正確なデータは得られないが、一九〇九（明治四十二）年に私立明治専門学校が開校した際の教職員数九十五人、学生（入学者）数五十七人、安川が私立明治専門学校を手放して国に寄附した一九二〇（大正九）年の教職員数九十三人、学生（在学者・入学者）数三六〇人となっている[20]。教職員の家族を入れれば、一九〇九年でおよそ一五〇〜三〇〇人、一九二〇年で五〇〇〜六〇〇〇人が「明専村」に生活していたと考えられる。戸畑町の人口が一九〇九年で六八九三人、一九二〇年で三万一四〇四人であることを考えれば[21]、人口だけ見ても、戸畑町の中での「明専村」の存在感は小さくなかったはずである。

安川は戸畑町の町会議員にはならなかった。戸畑に自宅を移した時、安川はすでに六十歳を過ぎていたからかもしれないが、彼を支えた二男の松本健次郎、三男の安川清三郎も町会議員（一九二四年以降市会議員）にはならなかった。健次郎・清三郎兄弟は戸畑商工会（一九一〇年設立）の名誉会員（一九二二〜三二年解散時）や戸畑商工会議所（一九三二年設立）の顧問を務めたほか、一九二九（昭和四）年に開催された戸畑産業共進会の総裁（松本健次郎）、戸畑産業共進会協賛会の顧問（安川清三郎）に就任している[22]。

以上のように、安川（安川・松本家）は戸畑町政・市政とは一線を画していたのであり、息子兄弟が町の名誉職に就いたに過ぎない。しかし、所得・資産に基づく「県税戸数割賦課等級設定規程[23]」を見ると、一九一〇（明治四十三）年の最上位「等級一」は五〇〇点以上だったのに対し、一九一一（明治四十四）年には、さらにその上位に「等級特別一」三五〇〇点以上、「等級特別二」二〇〇〇点以上、「等級特別三」一〇〇〇点以上が設定されている。それぞれ安川敬一郎、松本健次郎、安川清三郎であることは明らかで、安川（安川・松本家）は戸畑町の中で圧倒的な財力を誇ったと考えられる。

戸畑市が市制施行十周年を記念して刊行した『戸畑市郷土読本』（一九三四年刊）では、戸畑はその地勢から「北九州（工業地帯）の中心」として、「工業戸畑」、「漁港戸畑」（「水産戸畑」とも言う）の両面で発展しているという都市の自画像が提示されている。その中の「第二十六課　明専」では、安川敬一郎・松本健次郎父子が初代校長の山川健次郎とともに戸畑の「大恩人」とされている。また、「第二十七課　安川敬一郎翁」では、安川敬一郎一人に一課を割き、「真に郷土の先覚者として我らの模範とすべき人」と評されている。このように、安川は戸畑の町とは一線を画していたにもかかわらず、圧倒的存在感もあって、戸畑が誇る偉人として顕彰されたのである。

三　安川敬一郎と福岡

1　旧福岡藩士族としての安川敬一郎

安川敬一郎は福岡藩士であり、旧福岡藩関係者と密接な関係を有していた。安川は旧藩主黒田長知（一八三九〜一九〇二）にしばしば伺候《しこう》し、一九〇二（明治三十五）年一月七日に長知が死去すると、十五日の葬儀に参列し、十八日には黒田家に弔問に訪れている[24]。一九〇六（明治三十九）年一月二十一日に亡くなった長知継室の黒田豊子の葬儀にも参列している（一月二十七日）[25]。また、後述する十七銀行の経営破綻問題など、福岡の政財界に関する問題について、黒田家に相談することも少なくなかった。黒田家は十七銀行の筆頭株主だったから当然ではあるが、旧藩・旧城下町に関わる問題について、黒田家の意向を確認することは不可欠なことだったと言うこともできるだろう。

安川は旧福岡藩士族の政治結社である玄洋社の一員であり、「国士」意識や「アジア連帯」論などは共有していたと思われるが、その中心に位置したわけではない。玄洋社の中心人物である頭山満（一八五五～一九四四）とは頻繁な交渉・交流があったわけではないが、相互に信頼する相手だったようである。特筆すべきは、玄洋社初代社長を務めた平岡浩太郎（一八五一～一九〇六）との関係であろう。平岡が亡くなった一九〇六年十月二十四日、訃報に接した安川は「日記」に「彼ハ四十年ニ垂トスル知友ニシテ、兄弟モ啻ナラザル厚誼ヲ厚シタレバ、衷情ノ悲哀言辞モ及バス[26]」と記している。安川は平岡の生前、平岡の政治活動を支援し、負債処理のために援助を行ったし[27]、没後もガス爆発事故（一九〇七年七月二十日）を起こした豊国炭鉱を引き受けている。それは経済合理性では説明できない選択・行動だったと言うべきである。

また、安川は福岡・博多の企業にも深く関わることがあった。九州生命保険会社（一八九五年二月設立）の業績が悪化した際、同社役員の安川は三菱系の明治生命保険株式会社への譲渡を図り、交渉を進めた。しかし、譲渡契約書調印を待つのみとなった一九〇二年七月四日の重役会で、より好条件で他社に譲渡する案が出されて「議論百出」となったため、安川は役員を辞任した[28]。また、十七銀行（一八七七年十一月、第十七国立銀行として設立、一八九七年九月、十七銀行と改称）の経営破綻問題（一九〇三年）では、安川は同行の株主でも役員でもないにもかかわらず（資金の提供は受けていた）、善後策について相談を受け、安田銀行に対する交渉など協力を行っている。しかし、九州生命保険の譲渡問題とも関わって、同行の経営陣に対して不信感を有していたようで、交渉には冷めた眼で臨み、一線を画していたようである。

2 政治活動の場としての福岡

安川敬一郎はあくまで企業家として自己規定し、政党に所属することなく、政治の世界とは一線を画していた。しかし、実際には政治に対する意識も意欲も高かったように思われる。日露戦争後、石炭業の確立と事業の多角化（「地方財閥」への成長）を達成し、私立明治専門学校の創立を実現した安川は積極的な政治活動を開始する。安川の政治活動については、有馬・季武両氏の前掲論文に詳しいが、ここでは、本講演のテーマに即して、要点を確認しておきたい。

「刎頸の友」平岡浩太郎は福岡県第一区および福岡市選挙区から、第四回（一八九四年九月一日）から第九回（一九〇四年三月一日）まで、衆議院議員選挙に連続六回当選している（第一回総選挙以来、第一区では平岡も含めて「非民党」系―「非政友」系が当選）。しかし、安川がどのように選挙に関わったか（平岡を支援したか）は明らかではない。その後、第十回総選挙（一九〇八年五月十五日）では太田清蔵（一八六三～一九四六、立憲政友会）、第十一回総選挙（一九一二年五月十五日）では鶴原定吉（一八五六～一九一四、立憲政友会）が当選した。安川は鶴原擁立の中心人物だったが、立憲政友会に所属したわけではなかった。安川にとっては、立候補者の所属政党の如何を問わず、党派間の調整を行って双方の合意を獲得し、政争を回避することが重視されたのである。

鶴原が病気により衆議院議員を辞職すると、安川は補欠選挙に立候補して当選した（一九一四年十一月）。しかし、当選後わずか一カ月で衆議院は解散、翌一九一五（大正四）年三月二十五日の第十二回総選挙に福岡市選挙区から立候補し、両派一致して支持されたが、投票日直前に立候補した奥村七郎（前博多商工会議所会頭）に敗れて落選した。次の第十三回総選挙（一九一七年四月二十日）では、安川擁立論が広範に存在する中で、安川自身は中野正剛（一八八六～一九四三）の擁立を目指した。結局、中野推薦には両派の支持を得られず、松永安左衛門（一八七五～一九七一、立憲政友会）が当選、中野は落選した。その後、第十四回総選挙（一九二〇年五月十日）から第二十一回総選挙（一九四二年四月三十日）まで中野は連続八回の当選を誇ったが、安川がどのように関わったか否か明らかではない。

以上のように、安川は衆議院議員として政治活動を行うことはほとんどできなかった[29]。しかし、「日記」によれば、大正時代の安川は大隈重信・寺内正毅・原敬といった歴代首相や閣僚に会見し、政見を説いて回るなど積極的な活動を行っている。安川の政見とは何か。それは政権交代を極力回避し、挙国一致内閣を実現して、対華二十一箇条要求問題に代表される中国との外交問題を早期に解決しなければならないという主張であった。

その一方で、安川は経済人として、日中合弁事業の推進に力を尽くした。安川は政治・経済両面で日中親善を目指したのである。それは旧福岡藩士族・玄洋社員の安川に本来備わっていた、そして、事業活動を通して再形成された「国士」としての行動だったと思われる。それゆえに、安川の政治活動の場は何よりも福岡だったと言えるのではないだろうか。

四　安川敬一郎の「地方」　北九州と福岡

安川敬一郎は「日清戦後経営」の北九州経済（工業発展）を代表・体現し、中心的に牽引する存在だった。若松は安川が地方企業家として活動し、成長する本拠地であった。安川は町政に関わる意志は薄く、町会議員にはなったがほとんど出席せずに一線を画していたが、政争を嫌悪・回避しつつ、上水道・電灯など町のインフラ整備に尽力した。日露戦争後に移った戸畑は安川の「地方財閥」としての活動の本拠地となった。安川が創り出した「明専村」は戸畑町の中でも独立した生活共同体であって、町会議員になることもなく、若松時代に比べても町政に関わることは一層少なかった。しかし、安川の戸畑進出が「工業戸畑」形成の時期と重なっていたこともあり、安川は戸畑の工業発展の立役者、つまり「郷土の偉人」として顕彰された。地方企業家としての本拠地若松から「地方財閥」としての本拠地戸畑へと移行しつつ、安川にとって北九州は一貫して経済活動の場であったと言うことができるだろう。

それに対して、安川の出身地福岡は北九州に比して工業化が振るわなかったこともあり、福岡の企業に協力することはあっても、経済活動の場としての意味は大きくなかった。福岡は安川の旧福岡藩士族としてのアイデンティティの拠り所であり、それに基づく政治活動の場となった。衆議院議員選挙では不運な結果に終わり、安川は代議士としてほとんど活動できなかったが、玄洋社と共通する「国士」意識や「アジア連帯」論は政治活動だけでなく経済活動を含めて、安川の全存在を支える理念としての意味を持ったのである。

安川は企業家であり、その事業は何よりもまずビジネスであったが、安川に一貫する「国士」意識は、事業に私益の追求を超えた意義を与えたと思われる。換言すれば、安川は絶えず国益を意識して事業を進めたのであり、その事業は経済活動だけでなく政治活動まで広がるものだったのである。

安川は地方企業家から「地方財閥」に発展したが、その活動は「地方」の個別利害やその中での私益追求という観点から行われたのではなかった。また、「地方」での企業経営については、高配当獲得よりも事業拡充（積極経営）に主眼を置き、高配当を要求する勢力（「中央」

の資産家など）との対決も辞さなかった。石炭業や鉄道業では当然の姿勢であったかもしれないが、少なくとも「中央」の論理に対して「地方」の論理で対峙したと言うことはできるだろう。安川は「地方」を拠点に活動を行いながら「地方」を超越し、それとともに、「中央」と密接な関係を築きつつ従属的ではない対等的な姿勢を保持したのである。

　地方企業家としての財力・人脈・行動力・情報力の「蓄積」を「地方財閥」に発展する一つの条件とするなら、「地方」を超越しつつ、「中央」に従属しない姿勢の確立は「地方財閥」に発展するもう一つの条件と言うことができるだろう。この二条件が揃ってはじめて、「地方財閥」という存在が可能となるのではないだろうか。

注

（1）福岡地方史研究会編『福岡藩分限帳集成』（海鳥社、一九九九年）。徳永織人六〇六ページ、松本潜六三九ページ、幾島徳五九九ページ、安川敬一郎六三七ページ。

（2）伊東尾四郎「松本平内事績」（上）・（下）（『筑紫史談』七一・七二、一九三七年）。

（3）地方で展開しているファミリービジネス（同族経営体）の中で、事業の規模・範囲・構成が大規模化・多角化したものを言う。

（4）坂本悠一「安川財閥研究の現状と文献」（九州国際大学『社会文化研究所紀要』三八、一九九六年）がそれまでの研究史を博捜整理している。

（5）有馬学編『近代日本の企業家と政治―安川敬一郎とその時代―』（吉川弘文館、二〇〇九年）。

（6）戸畑区役所が三年計画で進める「安川・松本家と戸畑の百年」記念事業の一環として、同区役所と北九州市立自然史・歴史博物館、九州工業大学の共催により、九州工業大学を会場に企画展「安川敬一郎と戸畑～明専のあるまち～」を開催した。私が担当したもので、安川と戸畑町との関係については、その作業の成果にも基づいている。

（7）拙稿「日清・日露戦間期の安川敬一郎」（前掲論文集所収）。

（8）安川・松本家が戸畑に居宅を移したのは、後述する戸畑町の「県税戸数割賦課等級設定規程」によれば、一九一〇（明治四十三）年から一九一一年にかけてのことと思われるが、この時期の日記を欠くため判然としない。安川家住宅は一九一二（明治四十五）年、松本家住宅（現在の西日本工業倶楽部、国指定重要文化財）は一九〇九・一〇年に建設されている。なお、安川家住宅については、日隈康喜『安川家住宅―北九州の近代化を支えた安川家の住宅史―』（西日本新聞社、二〇〇九年）を参照。

（9）若築建設株式会社編刊『若築建設百年史』（一九九〇

年）、五三・七〇ページ。なお、安川は会長辞任について、同年二月十九日に若松築港第二次拡張工事に対する国庫補助金五十万円無条件下付が決定して間もない三月四日、井上馨を往訪して「白石ノ帰朝ヲ俟テ専務社長ニ採用シ度」と申し出ている（「安川敬一郎日記」第三号、同日条。北九州市立自然史・歴史博物館編刊『安川敬一郎日記』第一巻〔二〇〇七年〕一三三ページ。以下、原本は「日記」、刊本は『日記』と表記する）。

（10）詳細は清水憲一「安川家の発展とその蓄積構造」（北九州市史編さん委員会編『北九州市史 近代・現代 産業経済Ⅰ』〔北九州市、一九九一年〕第一編第三章第二節(四)）、拙稿「日清・日露戦間期の安川敬一郎」（北九州市立自然史・歴史博物館編刊『安川敬一郎日記』第一巻解題〔二〇〇七年〕）を参照されたい。

（11）「日記 第三号」一九〇〇（明治三十三）年一月一日条（『日記』第一巻、一〇六ページ）に「若松市有志ニ成レル新年宴会ニ緑屋ニ臨ム、宴正ニ酣ナリ、暫時ニシテ帰ル」（「若松市」は「若松町」の誤り）とある。安川は若松町の「有志」の新年会に顔を出して、しばらくして帰宅しているのであり、町（の有力者）と一線を画し、距離を置いていることが知られる。

（12）「日記 第四号」一九〇一（明治三十四）年九月二十三日条（『日記』第一巻、二七六ページ）。

（13）「日記」に若松貯蓄銀行に関する記載が見られるのは、一八九九（明治三十二）年十二月二十七日（『日記』第一巻、一〇四ページ）、十二月二十九日（一〇五ページ）、一九〇〇（明治三十三）年八月二十九日（一七三ページ）、八月三十日（一七四ページ）、一九〇一（明治三十四）年十二月二十五日（二九七ページ）、十二月三〇日（二九八ページ）、一九〇二（明治三十五）年十月十五日（三五三ページ）、十一月五日（三六七ページ）、十一月二十六日（三七〇ページ）である。安川が買収する三年前からすでに、相談役の安川に対して経営方針の相談がなされていたのである。一九〇〇年八月二十九日に安川は銀行の調査書を検閲して、「日記」に「其の甚貸出不体裁ナルニ驚ク」と記している。一九〇一年十二月三十日に安川は「貯蓄銀行譲渡案ノ起草」を要請し、一九〇二年十一月五日には「株主ノ内異論者ヲ出セルノ故ヲ以テ、曾テ協議セル引受ノコトヲ謝絶シ、更ニ解散ヲ以テ株主会同センコトニ変更ノ可否」を相談するなどの混迷もあったが、結局、同月二十六日に「解決」して引受を承諾した。

（14）迎由理男「金融業」（北九州市史編さん委員会編『北九州市史 近代・現代 産業経済Ⅱ』〔北九州市、一九九一年〕第七編第二章）一一七一・七二ページ。なお、若松貯蓄銀行は一九二二（大正十一）年に若松商業銀行となった後、一九二五（大正十四）年に住友銀行に合併された。

（15）迎由理男「都市銀行の進出」（財団法人西日本文化協会編『福岡県史 通史編近代 産業経済(一)』〔福岡県、二〇〇

三年〉第十九章第四節〉一六五六・五七ページ。
(16) 清水憲一「日本資本主義成立期の北九州経済」(前掲『北九州市史 近代・現代、産業経済Ⅱ』〔北九州市、一九九一年〕第一編第三章) 一六六ページ。なお、「日記」によれば、一九〇六年一月十一日に「若松電灯会社譲渡ノ件」、六月二十七日に「若松電灯売却ノ事」について相談しているが、その後の展開は不明である。今後の課題としたい。
(17) 詳細は前掲松本論文のほか、拙稿「日露戦争前後の安川敬一郎」(北九州市立自然史・歴史博物館編刊『安川敬一郎日記』第二巻解題〔二〇〇九年〕)を参照されたい。
(18) なお、一九二四(大正十三)年市制施行後、昭和初期には、戸畑冷蔵株式会社(一九二七年)、戸畑製罐株式会社(一九二九年)、日本漁網株式会社戸畑出張所(同年)、共同漁業株式会社移転(同年)、戸畑魚市場株式会社(一九三〇年)、日本水産株式会社戸畑営業所(同年)、高速冷蔵汽船株式会社(一九三一年)というように、水産業関連の企業・工場が相次いで設置されていて、「工業戸畑」に比して「漁港戸畑」あるいは「水産戸畑」の形成と称された。
(19) 関川夏央『白樺たちの大正』(文藝春秋、二〇〇三年)第六章。
(21) 戸畑市役所編刊『戸畑市史 第二集』(一九六一年)第七章、六八九・九〇ページ。
(22) 戸畑商工会編刊『戸畑商工会沿革史』(一九三四年)。
(23) 一九一一(明治四十四)年五月十二日提出、議案第一号(戸畑町役場「自明治四十一年至大正元年町会事蹟」、北九州市立文書館所蔵)。
(24)『日記』第一巻、三〇二ページ。
(25)『日記』第二巻、一七七ページ。
(26)『日記』第二巻、二四二ページ。
(27) 拙稿「日清・日露戦間期の安川敬一郎」(前掲論文集)、二八~三〇ページ。
(28) 拙稿「日清・日露戦間期の安川敬一郎」(『日記』第一巻解題)三六・三七ページ。この後、九州生命は大阪生命と合併することになったが、一九〇五(明治三十八)年二月、乱脈経営によって大阪生命が解散を命令されると、一九〇八(明治四十一)年八月、九州生命もまた解散命令を受けることとなった。安川の譲渡交渉を土壇場で覆した福岡・博多の重役陣の選択は完全な失敗に終わったと言えるだろう。
(29) 安川敬一郎は一九二〇(大正九)年一月十二日に男爵に叙せられ、一九二四(大正十三)年六月七日には男爵議員の補欠選挙により貴族院議員に選出されている。安川の貴族院議員としての活動は翌一九二五年七月十日までわずか一年余の短期間であったが、第五十議会(一九二四年十二月~一九二五年二月)で普通選挙法案反対論を展開するなど積極的に活動した。詳細は前掲季武論文を参照されたい。

研究ノート

朝鮮通信使と益軒・春庵・南冥の唱和

義のない戦いから交隣の道へ

横《よこ》田《た》武《たけ》子《こ》

Ⅰ　江戸期通信使　俘虜の返還要求に始まる

福岡の地は東アジアに向かって開かれた交易の湊であり、大陸に進出する拠点となった。古代では伝説の神功皇后の所謂三韓征伐、倭寇の本拠地、そして秀吉の大陸侵略の兵站基地などとなったが、中国や朝鮮の人々の事跡の多い土地柄でもある。

通信使にとって「博多」という地名は、数十里に及ぶ白砂青松の美しさと共に、「博多冷泉津即新羅忠信朴堤上屍埋之処」、「鄭圃隠中文忠奉使時皆往来此処云」と記憶に残る場所であった[1]。朴堤上《バクチエサン》は、五世紀初期人質となった新羅の王子を救出した後に殺された忠臣で博多に埋葬されたようだ。鄭圃隠《チョンボウン》（鄭夢周、一三三七〜九二）は高麗末期の碩儒で、使臣として来日し、九州探題今川了俊と平和的な交易を説得し、倭寇に拉致された七百名の俘虜を連れ帰った人物で、『圃隠集』を残したという[2]。

この二人の話は、博多出身の外交僧規《き》伯玄方《はくげんほう》が同行した第三回の寛永元年の通信使記録に初出[3]、その後十一回の明和通信使記録まで繰り返し記されていることでも分かるように、「博多」は千年を経てもなお朝鮮の人々にとっては忘れることのできない因縁の土地であった。

江戸期の朝鮮との国交回復は、秀吉が起こした「文禄・慶長の役」の俘虜の返還要求から始まった。第一回の慶長十二（一六〇七）年、第二回の元和三（一六一七）年、第三回の寛永元（一六二四）年通信使は「回答兼刷還使」で、捕虜として日本に連行された朝鮮人を連れ戻し、日本の国情査察を目的として編成された使節団であった。

第四回寛永十三（一六三六）年、第五回寛永二十（一

六四三）年、第六回明暦元（一六五五）年、第七回天和二（一六六二）年には国交も安定し、将軍就任祝儀の使者と形を変えた。第八回正徳元（一七一一）年、第九回享保四（一七一九）年、第十回寛延元（一七四八）年、第十一回明和元（一七六四）年までは江戸参府の使節であったが、第十二回文化八（一八一一）年は対馬での易《えき》地聘礼《ちへいれい》となり、以後は途絶えた。

　鎖国下の日本において通信使来聘は、表面的には華やかで幕府の威光を示す大イベントではあったが、そこに至った秀吉の起こした蛮行は両国民の心に深い傷を残したのである。国土を荒廃させ、五万ともいう人民を連行した日本人に対する朝鮮側の憎悪や敵愾心は薄れることはなく、恐怖を抱く朝鮮人に日本側がその威勢をもって無理を押し付けることもあったようだ（雨森芳洲「交隣《こうりん》提醒《せいせい》」(4)）。

　明の征服を目論んだという秀吉のこの野望に、黒田孝高や長政も西国武将として参戦して捕虜を筑前に連行していた。家康の国交修復による朝鮮からの返還要求に応じて、長政は百数十人ずつ数回に分けて壱岐まで送り届けたことは、第一回慶長刷還使慶　暹《キョンソム》（七松）の「海槎《かいさ》録《ろく》」に詳しい(5)。乱後一世紀を経て、福岡藩の儒者貝原益軒（一六三〇～一七一四、篤信・久兵衛）が秀吉の出兵をどのように評したか述べる（儒者については号で表記した）。

Ⅱ　朝鮮出兵　義のない戦い

貝原益軒は「黒田家譜」の天正十九（一五九一）年の項に朝鮮出兵を左記のように記す(6)。

　凡軍を起すに五の品あり、第一に乱をすくひ、暴をうつは義兵也。是武を用るの本意也。第二に敵国よりみだりに我国をおかす時、やむ事を得ずして起すを応兵と云。是又義理にそむかず。第三に細事を争ひ、恨みて戦を起すは忿《ふん》兵也。是は忿《いかり》によっておこす兵也。第四に人の国郡をむさぼり取んために起すは貪《たん》兵也。是利欲よりおこる。後代の軍を起すは、多くは人の国郡を奪はんかため也。故に貪兵多し。第五に我武威を敵に見せんために起すは驕《けう》兵也。和漢古今、兵を起すの故多しといへとも、此五には出ず。此五の内、義兵と応兵とは君子の用る所也。余の三の者は、道理に背く故、君子の用ひさる所也。兵は国家の大事、治乱存亡のかかる所、敵身方の士卒万民をころして、天道の悪み給ふ所なれは、義兵・応兵にあらすんは、妄《みだり》に発《おこ》すへからす。今度太閤のとがなき朝鮮を討《うち》給ふは、義兵に非す。若貪兵ならは、君子の戦に非すと時の人議しあへり。

この後、秀吉が朝鮮の兵の耳塚を京都に作らせたことについても、「人の国をむさほりて、人を多く殺すを武とはいふへからす」(7)と厳しい批判を加えている。これらの秀吉への評価は、貞享四（一六八七）年「黒田家譜」が完成した後、元禄十三（一七〇〇）年老中の求めに応じて提出する際、加筆したのである。

益軒の高弟で作業を進めた竹田春庵（一六六一～一七四五、助太夫）宛の益軒の書状には、「朝鮮陣（略）懲《ちょう》毖録《ひつろく》書入可申処御座候」、「朝鮮明時記（略）朝鮮陣の処御家譜に御加可然事」(8)と指示しているが、儒学者益軒と朝鮮通信使との出会いが影響したのではないか。

益軒の祖父貝原市兵衛は、小身ながら孝高（如水）や長政の信頼も深く、朝鮮出兵の時は船奉行の補佐をしていた。益軒は、忠之の時代には藩主の怒りを買い、浪々の時を過ごした時期に長崎に滞在し舶載の漢書に接している。明暦元（一六五五）年の通信使の時は藍島（糟屋郡新宮町相島）で、対馬の以酊庵の達長老と正使や副使の唱酬が行われたが、前述した二人の忠臣への弔歌などは、従事官南龍翼《ナンヨンイク》の「扶桑録」(9)に詳しい。しかしこの時、福岡藩儒の唱和の記録はなく、唱和や筆談はなかったようだ。

益軒はこの頃、江戸在府の父寛斎のもとへ赴き、林羅山の子林鵞峰《がほう》を訪問している。翌年冬、帰国後に光之の命で出仕、翌三（一六五七）年には京都遊学を命じられ、山崎闇斎や木下順庵（一六二一～九八）などに逢っている。とくに順庵とは気があったようで、交流が続いた。その後も藩命により頻繁に京や江戸に登り多くの儒者と交流しており、益軒の登用も通信使の来聘と無関係ではなかったと思う。

Ⅲ　天和通信使と貝原益軒の唱和

綱吉の将軍就任祝賀の来聘使である。慶長の役で俘虜となって連行された姜沆《カンハン》（一五六七～一六一八）が藤原醒窩《せいか》と出会い(10)、日本の儒学に多大の影響を残したことでも分かるように、朝鮮は儒学の先進国であった。朝鮮側も科挙に合格した一級の文化人である使節や良医を送ることで、日本と朝鮮の外交関係を友好に進めることもできた。また日本の儒者も通信使と唱和や筆談で高い評価を得ることができれば、儒学者として出世の糸口になろう。通信使も詩文の力で儒者の能力を判断することになり、通信使の使行録を読むと、日本の儒者への厳しい批評が目に付く。

黒田家の通信使記録を調査した元法政大学教授藤井甚太郎（一八八三〜一九五八）は、大正期に、明暦度・天和度・正徳度・享保度・寛延度・宝暦度を合わせて七十余冊あったと記す[11]。現在、県立図書館が所蔵する通信使記録は五十冊あり、その中に明暦度分はない。天和期の来聘記録は十三冊あるが、来朝記録三巻は欠本になっている。藤井甚太郎は「唱和の次第は黒田侯爵家の信使記録の中にあるのであります」と記すが、現存する記録にはなく、不明の三巻に唱和の記述があったのであろう。

元和二年に幕府は、

朝鮮人に詩作贈答筆談に罷出候者（略）古来ニ義両説の疑敷所なとを談、或風雅を以贈答仕候様成事は不苦候得共、一分の学力を自負の為、異国をなぢり、彼国をあざけり候様成筆談等、第一国体不弁筋違候様相見に付[12]

と、自分の学力を誇るために異国を非難し、嘲るような筆談は、お互いの国の体面を損なうと禁止したが、文化交流の場にまだ優越感で接した儒者がいたのであろう。

天和期は正使に尹趾完《ユンチワン》、副使に李彦綱《イオンカン》、従事官に朴《ボク》慶後《キョンフ》を三使とする四七五人で、これに先導役として対馬藩主以下数百人の随員が付いた。七月九日、相島に着船し、翌日に出船という慌ただしい滞在であった。藩主光之が自ら相島に渡り、宗対馬守義方と対面している[13]。福岡藩では長政以来、歴代の藩主が相島に出向いて鄭重な接待や視察に渡海することが多く、仲尾宏によると他藩では例がないという[14]。

唱和・筆談に出席したのは貝原益軒と甥の貝原好古、門人の鶴原梅庵で、通信使側からは、製述官成翠虚、書記李鵬溟、副使書記洪滄浪が応じた。

益軒は相互に自己紹介の後、朝鮮の地理の質問は、朝鮮では国禁であるため除き、朝鮮の李退渓などの事跡や著述のこと、学校のことや科挙の法を質問し、詩の唱和を行った[15]。

朝鮮国成学士と李学士館下

旧慕殊方儒術正　何図今日見嘉賓　嘗聞四海皆兄弟
傾蓋相逢如故人
紫陽鯫生貝原篤信拝呈

謹歩玉韻呈貝原大老詞案

与君殊俗即同道　喜向華筵作主賓　学問工夫曾昧々
雕蟲愧成一詩人
李進士鵬溟稿

益軒はさらに次の寄港地に三首を送り、訳官洪禹載《ホンウジエ》の「東槎録」[16]では「筑前書僧貝久兵は大作詩篇三位一行文人讃美せざるなし」と評している。

帰国時に通信使が藍島に十月寄港した時には、江戸参府の益軒に代わって竹田春庵が他の二人と共に出席した。

Ⅲ　第八回正徳通信使と竹田春庵

正徳元（一七一一）年の通信使は家宣の将軍就任祝賀の来聘である。この年の八月には国民の困窮を理由に政治の刷新が通達されていた[17]。通信使の接待には膨大な費用を要していたのである。それもあって、家宣の侍講を勤めていた儒者新井白石と通信使の間に、待遇改変や将軍の名称問題などが起きた。白石は国書の書き換えを要求、名分を重んじる通信使や、対馬藩の真文役雨森芳洲（一六六八～一七五五）との間に軋轢が生じた。妥協せざるを得なかった通信使一行は、書き改められた国書を持ち帰り、王城に帰り着いた後拘束され、三使は門外追放になったという[18]。

黒田家の正徳通信使記録は、来朝期の正徳元年が二巻、帰国期が三・四巻の三冊しかない。ただ幸いなことに、竹田文庫には春庵による「藍嶋記」[19]や通信使の唱和や筆談の記録、雨森芳洲の書・書状、唱酬した製述官李東郭などの書が二十数点残っている。

正使は趙泰億《チヨテオク》、副使任守幹《インムスガン》、従事官李邦彦《イバンオン》を三使とする総勢五百人に及ぶ来聘であった。福岡藩では六月に藩主綱政が逝去し、葬儀を終えた直後に通信使一行を迎えることになった。

八月十七日、風雨の荒れ狂う中での相島着船で、悪天候は続き二十八日に出帆した。天和の時の豪華な料理の饗応はなく、幕府の通達で必要物資のみ提供されたが、朝鮮側では冷遇を感じたであろう。

唱和には朝鮮側からは、李東郭を始め、正使書記洪鏡湖、副使書記厳龍湖、書記南泛叟、良医奇嘗百軒、写字官李貞谷・李花庵などが出席、藩からは竹田春庵と神屋松堂（通称弥左衛門）、博多明光寺鐵相が唱酬に出た。

この時益軒は八十二歳、老境に入っても執筆活動は盛んで、春庵に料紙を添え通信使の手跡や、うぐいすや桜・人参、きすごなどの質問を頼んでいるが[20]、本草学者としての興味に終始している。天和期には多方面から詩画の依頼が殺到し、通信使側もこれには苦労したようだが、今回も同様で益軒は知人に頼まれて依頼したようだ。

「藍嶋倭韓筆話唱和」[21]によると、十九日には互いの自己紹介から始まり、詩の唱酬や朱子学や学者の話、医学の話など、春庵は前もって質問状を対馬の真文役に出していたようだ。詩の唱酬の一例を挙げる。

奉贈春庵松堂両詞席　　鏡湖

久実吟全廃　逢君興更新｜　寧論傾蓋誼　還似宿心親｜

席上伝杯数　灯前下筆神　高風正揺落　同是感秋人

次呈洪公示韻　　春庵

四海皆兄弟　交情何説新　方音雖各異　筆話却心親

灯下酒増興　月前詩有神　誰言秋夜永　漏鼓欲鷩入

対馬藩からは真文役の雨森芳洲や松浦儀左衛門が同席。春庵は雨森芳洲について、藤五郎（または東五郎、芳洲の通称）は華音に通じ、韓音に通じ、朝鮮読書音読の由、と日記に記す[22]。八月十九日の日記には「藤五郎知人に成」。廿日「明日の和、雨森へ渡」。廿一日「昨日七言律之、再和幷筆問の答、藤五郎より其前受取、良医に逢、筆語あり生姜の事、通事にて猶委細に問う」。

竹田文庫には雨森芳洲の春庵宛の数通の書や詩文「高照山十景」などあるが、正徳三（一七一三）年に奉書紙に約千四百字に及ぶ漢文による書がある[23]。

全文の解釈は浅学の筆者には力が及ばないが、貝原益軒を仰慕し、その学問の深淵を絶賛している。李東郭との討論、長崎や釜山での唐語や朝鮮語の学習、善隣友好を唱え対等な関係をめざす芳洲の思想がよく顕れた書である。また前述した鄭圃隠の著を「いまだ見ず、その学問の浅深を知らず」と書いているが、通信使に聞かれたのであろう。

益軒と芳洲との関係は、芳洲が木下順庵の門人であったという共通点はあるが、管見のかぎり二人の記録にはこの書以外に互いの名前は出てこない。ただ秀吉の侵略に厳しい批判をしたこと、信義を重んじたこと、対等を重んじたこと。実学の尊重など共通するものは多い。

春庵は京都に生まれ、公家の血を引き、代々医を業として朝廷に仕えた家である。幼少の頃両親を亡くし、祖母永閑（斎藤氏）に伴われ、重臣斎藤貞右衛門・忠兵衛を便り筑前に下った。春庵への書状は荻生徂徠・大潮・南禅寺西堂大川和尚などがあるが、京都での人脈の広さは益軒にも色々便宜をはかったようだ。芳洲は京都育ちであり、親近感も手伝ったのであろう。

Ⅳ　第十一回明和通信使と亀井南冥

将軍家治の将軍就任の祝賀の来聘である。国内は疲弊し農民一揆が各地で頻発した時期であった。通信使一行は対馬から大坂までは海路を行き、その後は江戸まで陸行となるが、その間の通行は公領では各大名が船や鞍置馬などを提供したが[24]、沿道の農民の負担も大きかったようだ。通信使も紛争続きの使行で、大坂では随行員の崔天宗が対馬藩士に刺殺される騒ぎもあり、本土の使行はこれが最後となった。

黒田家の明和の朝鮮通信使記録は十五冊あり、欠巻はないと思われる。第十一回目の朝鮮通信使の相島の寄港は、宝暦十三（一七六二）年十二月三日のことで、夜間強風波下で入港を強行した副使船が坐礁し大破、藩船の先導がなかったことを怒った朝鮮側は、挨拶に訪れた福岡の重臣との面会や贈り物の受取りを数日の間拒否した。[25]正使趙曮《チョオム》、副使李仁培《イインへ》、従事官金相翊《キムサンイク》、製述官南玉以下四七七人の来聘である。

唱和については、翌年一月幕府の大目付より唱和・筆談について制限令が通達された。[26]

朝鮮人へ詩作贈答幷筆談などに罷出者、一通りの対話の趣意相認候儀、且古来より二儀両説の疑敷所なとを談、或風雅を以贈答仕候様成事は不苦候得共、一分の学力を自負の為異国をなぢり、彼国の事尊み候とて、我国をあさけり候様成筆談等、第一国体を不弁筋違候様に相見付、林大学頭方にては天和以来弟子共指出候節、詩作贈答はかりにて、筆談等は決て仕間敷段堅申付候（以下略）

と、無用の雑談や筆談を禁止し、出席する者に頼み詩文の贈答をすることを禁じ、役人（対馬藩真文役）が必ず立ち会い内容を取り集め、林大学頭方へ差し出すことを命じた。

天和にも出されたが、自分の学力を自負するためにことさら異国を非難し、逆に彼の国を尊敬するあまり自国を嘲る儒者もいたのであろう。互いの優位性を誇るような行動は両国の友好に水を差す、軋轢を生ずることを避けようとしたのである。

この幕府の通達が届いた時点に、福岡藩では唱和はすでに終えていた。内容を提出するように、との幕府の通達に対して、藩儒の分は竹田羅亭が添削したが、遠国を理由に結局提出しなかった。[27]

朝鮮側から製述官南秋月、正使書記成龍淵、副使書記元玄川、従事書記金退石（仁謙）、医官李慕庵で、藩からは竹田羅亭の出席はなく、櫛田菊潭・井土魯垌（勘吉）・島村秋江と姪浜町医亀井南冥（魯・道哉）が出席。井土勘吉の斡旋で門弟の青木春沢・村上元春の二人の医者が唱和している。対馬藩の真文役として朝岡一学が立ち会った。

この時の唱和の様子を金仁謙は『日東壮遊歌』に記す。[28]この中で「筆遣いはまるで飛ぶが如し、四人中最も優れている」と弱冠二十一歳、無官の南冥の詩を高く評価し、後に送られた詩集の一点を傑作とした。正使の趙曮は「海槎日記」[29]に「筑前州有亀井魯年少才妙可期有成」と称賛し、その後の寄港地で通信使は逢う人ごとに南冥を賞め、南冥は一躍全国に名前を知られるようになった。
この時の南冥と通信使の唱酬は「泱泱余響《おうおうよきょう》」[30]に集録され、櫛田菊潭と通信使の唱和は「藍嶋唱和集」[31]に、井土・島村と通信使の唱和は「筑前藍嶋唱和」[32]に集録されている。

寄製述官南秋月　道哉

一自吾聞鷁首東　心如旋旆颺秋風　何来環珮雲宵外
宛在楼台水月中　欲見其人無路到　空労斯意奈難通
今宵仙島聚星会　処士寧当半座雄

（一句略）

亀井道哉辱恵二律走和以奉　秋月

天空西北地無東　片鷁遙浮五両風　故国心馳辰極下
仙家期晩析津中　于今越海無波阻　振古秦舡有路通
年以陸機十飽照　覇台南畔得詩雄

（一句略）

製述官秋月は二句を一連として南冥の句に、東・風・中・通・雄と、次韻を付けた。これに対して藩儒の三人の唱和や筆談は数も少なく、通信使から日本で評価の高い儒学者を尋ねられても返答は控えている。これに対して南冥の返答は具体的で詳しい。こうしたことも含めて南冥の実力を高く評価したのであろう。多くの唱酬や筆談が行われたが、特に大医官李慕庵の筆談が目に付く。

南冥は姪浜町医聴因の長子として生まれ、十四歳で荻生徂徠系統の肥前蓮池の学僧大潮に入門、後古医方永富《ながどみ》独嘯庵《どくしょうあん》の門に入る。安永七（一七七八）年に町医から士分に取り立てられ藩主の侍講となる。さらに天明四（一七八四）年に徂徠学の西学問所の学頭になり、朱子学の竹田春庵の外孫四代目の竹田梅廬（定良）は東学問所修猷館の学頭に任ぜられた。後に『論語語由』という名著を残すことになるが、南冥の町医からの出世は朝鮮通信使との出会と無関係ではないだろう。

Ⅵ　むすびにかえて　神功皇后伝説と朴堤上

本土での初の接待所となる福岡藩は、膨大な費用を使い、豪華な接待を藩主みずから相島に出向いて勤めた。これは幕府に対する忠誠の証だけではないだろう。また明暦元（一六五五）年の従事官南龍翼（壺谷）の「扶桑録」[33]には、十一歳と九歳の礼儀正しい可愛い子が両親に連れられて副使に面会し、詩画を請うたという。おそらく重臣の子であろうが、戦いも遠くなり、平和な時代を得て藩士が儒学の崇敬から子供を逢わせたのであろう。
益軒や春庵は「四海皆兄弟」という論語を引用しており、朝鮮語や日本語と言葉は違うが、儒学という共通の思想を持ち、漢文による筆談は兄弟のような深い交わりを可能にしたのである。

唱和の席に出た朝鮮側は、時には病を押して次韻を付け、詩の贈答や筆談を行い、有望な儒者には惜しみなく賛辞を呈し、日本の儒者の詩文がたとえ劣っていても、非常に誠実な態度で接している。

享保四（一七一九）年に来聘した申維翰は『海游録』[34]の中で、「倭人にこれ（朴堤上・鄭圃隠）を問うも、そのような故事は知らないと言う。けだし、知らないのではなく、我が国人にそれを語るのを憚っているのであろう」と記す。憚ったわけではなく、雨森芳洲すら知らなかった人物である。

福岡に住む我々は、身近に神功皇后伝説が常にあった。神功皇后の三韓征伐説は、武力を背景とした外交という、虚構としか言いようのない朝鮮観を残した。その朝鮮では、千年前に俘虜になり連行された人々の返還に身を賭した人々の話が伝えられていたのである。

江戸時代、二六〇年余り奇跡のように戦争が起きなかった。それが破られたのが幕末の征韓論である。先鞭を付けたのが経世家佐藤信淵であり、諸藩の作戦区域を定めた朝鮮攻略論を唱え[35]、「博多府の兵は数多の軍船を出して、朝鮮国の南海に至り、忠清道の諸州を襲うべし」と論じた。また博多を侵略の拠点としたわけである。

征韓論の代表格吉田松陰、勝海舟などは、ヨーロッパ列強に対する警戒感から、日本の安全を案じた国防論が出たようだ。明治八（一八七六）年の江華島条約からまた日本の侵攻が始まった。歴史が繰り返されたわけである。

今後は正確な歴史認識を得るために辛くても歴史の検証作業が不可欠であろう。その検証の中心となるのが貝原益軒の言う「義のある戦いであるか」ということである。「貪兵」を二度と送りだしてはならないと思う。それが侵略の拠点となった福岡に住む我々の責務だと思うからである。

注

（1）姜弘重「東槎録」（「海行物載 二」、藤井甚太郎蒐集文書・黒田家文書、福岡県立図書館蔵）。藤井甚太郎が「海行物載」から相島分を筆写した（以下同）。

（2）申維翰『海游録』（東洋文庫）六九・七〇ページ、金仁謙『日東壮遊歌』一九五ページ。

（3）前掲、姜弘重「東槎録」。

（4）雨森芳洲「交隣提醒」（『芳洲外交関係資料書簡集 三』一九八二年）。

（5）慶七松「海槎録」（「海行物載 一」、藤井甚太郎筆写）。

(6) 川添昭二・福岡古文書を読む会校訂『新訂黒田家譜 第一巻』(文献出版)一九六ページ。

(7) 同前、二三八・三九ページ。

(8) 益軒書簡(十七巻、県立図書館蔵)。

(9) 南龍翼「扶桑録」(「海行惣載 三」、藤井甚太郎筆写)。

(10) 姜沆『看羊録』(東洋文庫)一八一ページ。

(11) 藤井甚太郎「藍島の信使 二」(『歴史地理』第二十九巻第四号、大正五年。同第二十九巻第五号)。

(12)『通航一覧 三巻』(国書刊行会、大正二年)二八六ページ。

(13) 前掲『新訂黒田家譜 二巻』二三ページ。寛永十三年・二十年・明暦年と饗応に出席。享保四年の来聘時には継高が視察に訪れた。

(14) 仲尾宏『朝鮮通信使をよみなおす』(明石書店、平成一八年)二七六ページ。

(15) 前掲藤井甚太郎「藍島の信使 二」。

(16) 洪禹載「東槎録」(「海行惣載 三」、藤井甚太郎筆写)。

(17) 前掲『新訂黒田家譜 第二巻』三一二ページ。

(18) 三宅英利『近世の日本と朝鮮』(講談社学術文庫、平成十八年)一〇一ページ。

(19)「藍嶋記」(『新訂黒田家譜 第七巻下』三四五〜六七ページ)。

(20) 益軒書簡(竹田文庫九六-四六四、九州大学蔵)。

(21)「藍嶋倭韓筆語唱和」(竹田文庫三七七三、竹田家蔵県立図書館寄託)。

(22) 前掲『新訂黒田家譜 第七巻下』三五二ページ。

(23) 雨森芳洲書。全文は前掲『新訂黒田家譜 第七巻』中、三五二・五三ページに記載。

(24)「延享朝鮮人来朝記」(小笠原文庫一九九〜二〇四、福岡県立育徳館高等学校・育徳文庫蔵複写)。

(25) 福岡地方史研究会古文書を読む会『福岡藩朝鮮通信使記録 十二』九三〜一三二ページ。

(26) 同前、一五九ページ。

(27)『福岡藩朝鮮通信使記録 八』一九七・九八ページ。

(28) 金仁謙『日東壮遊歌』(東洋文庫)一九四〜二〇五ページ。

(29) 趙曮「海槎日記」(「海行惣載四」、藤井甚太郎筆写)。

(30) 亀井南冥「泱泱余響」(『亀井南冥・昭陽全集 第一巻』葦書房、昭和五十三年)。

(31)「藍嶋唱和集」(櫛田文書一四、櫛田家蔵・福岡県立図書館複写)。

(32)「(仮)藍嶋唱和集」(竹田文庫三九四八、竹田家蔵・県立図書館寄託)。

(33) 前掲南龍翼「扶桑録」。

(34) 前掲『海游録』六九ページ。

(35) 三宅英利『近世の日本と朝鮮』(講談社学術文庫、平成十八年)二一〇ページ。

研究ノート

シーボルトと問答をした黒田斉清の本草学

原《はら》　三枝子《みえこ》

はじめに

本草学とは唐の鑑真によって伝えられた薬の学問である。薬は植物のほかにも動物や鉱物から成っていたから、本草学は博物学とも言える。時を経て慶長十二（一六〇七）年、明の李時珍編纂の『本草綱目』がもたらされ、わが国の本草学に長い間影響を与えた。

享保時代（一七一六～三五）、八代将軍徳川吉宗は薬草木の増産のために盛んに採薬を行い、薬園を設けて試植した。代が替わり、幕府は全国の天産物の実態調査を行った。また民間では薬品会（物産会）が開催されるようになり、これらは薬学と博物学を合わせた本草学の進歩を促した(1)。

その後、本草学では蘭学の発展とともに洋書にも目が向けられるようになり、特に長崎出島のオランダ商館付き医官として来日したシーボルト（一八二三～二九、日本滞在）に大きな影響を受けた。

そのような中、本草を愛好する大名たちが現れ、福岡藩十代藩主黒田斉清もそのひとりであった。ここでは史料の中から本草家・斉清像を浮き彫りにしてみたい。

一　黒田斉清と本草学

黒田斉清（一七九五～一八五一）は生まれた年に藩主となり、六歳で出府して十七歳の国入りまで江戸で育った。幼いころから鳥を愛し植物に関心を寄せたが、幼児のころから眼を患っていたことはあまり知られていない。出府した翌年の六月、国元へ宛てた「御眼目御容態書」(2)には、これまでも四月初めより、日暮れから夜の八時ごろまで見え難くなり、その後大分回復するという症状があり、暑い夏には正常に戻っていたが、今年は痛みなども加わった、とある。

斉清の眼病は次第に悪化し、天保五（一八三四）年に三十九歳の若さで隠居を余儀なくされた。その後、江戸青山の隠居所で長年の研究成果を書にまとめている。それらの中に本草家・斉清を見てみよう。

『鵞経《がきょう》　一』（国会図書館蔵、写本）・**『鵞経附録』**（同、写本）

◎『鵞経　一』は三つの部分に分かれており、初めの部分には野鳥についてのやり取り二十カ条が記されている。いつ、誰に宛てたのかは不明である。その一つを紹介しよう。

斉清は仏法僧と鴃《げき》の和名を挙げ、足指の付き方の違いや羽毛が似ていることなどを説明した後、

丹洲、鳥ヲ愛養セサル人ナレハ鴃ヲ見テブッポウソウト思ハレタルナラン、予、仏法僧ノ生物ヲ得ハ貴覧ニ呈セン、鳥ハ羽毛及ビ写生ノミヲ以テ考レハ詳ニスルコトヲ得ズ、籠中及ヒ庭上ニ養ヒ其鳥ヲ日々翫フトキハ詳ナルコトヲ得ルモノナリ

斉清は、丹洲が鳥を飼っていないから鴃を仏法僧と思い違いをしたのだろう、鳥は羽毛や写生だけではよく分からない、籠や庭で日々愛養する中に詳しいことが分かってくるのだ、と言っている。斉清が鳥を可愛がりながらよく観察しているのが分かる。丹洲とは幕府の医官の栗本丹洲（一七五六〜一八三四）である。

以上のほかにも、宛て人と丹洲の間で野鳥についてやり取りをしており、斉清は彼らと交流を持っていたようである。平野満氏の研究(3)に次のようにある。

文政末年から天保五年にかけ、斉清は富山藩主の前田利保や幕臣の設楽《しだら》市左衛門と、栗本丹洲・吉田正恭に対し、書簡によって本草に関する質疑を交わしていた。丹洲は当時最も優れた本草学者であり、正恭はドドネウス『草木誌』の翻訳を通じ西洋博物学に詳しい人であった。しかし、このような書簡の遣り取りは丹洲が没するなどして終わったと思われ、その後天保七（一八三六）年、前田利保や設楽市左衛門などの幕臣により博物研究会である「赭鞭会《しゃべんかい》」が発足した。斉清はこれまで会員と見られがちであったが、眼病のためか集会には一度の出席もなく、会員とするには疑問がある、と。

先述の野鳥についてのやり取りは、上記のような書簡による質疑の控えのようだ。赭鞭会は会員が持ち寄った珍しい物品について論議する会であり、目の悪い斉清に

は無理であったろう。緒鞭とは赤い鞭のことで、昔、神農氏がこれで草をむち打ち毒や味を調べた故事から会の名とした。

◎二つ目の部分には「野鵞之説」と見出しが付いていている。斉清は鵞について先学の説を引き、それについて意見を述べる。まず時珍の『本草綱目』に、

野鵞大于雁、似人家蒼鵞ノ駕

（野鵞は雁よりも大きく、家に飼われている青い駕鵞《かが》に似ているという意味）とあるが、ほかのところでは蒼い鵞を野鵞としており、野鵞と駕鵞と家鵞の関係に矛盾があって用い難いと批判する。次に小野蘭山の『本草綱目啓蒙』が述べるカツラヒシクイ（野鵞の地方名の一つ）の形状は、鴻の形状であり適当でないと否定する。蘭山（一七二九～一八一〇）は京都の町で多くの門人を持つ大博物学者であった。それまでの本草学者たちは鵞についてあいまいであり、斉清自身も「案ルニ鵞トハ惣名ニシテ」と言うに留め、各地における野鵞の呼び名（和名）やその形態などを紹介する。その中には富山や米沢などの城主や、駿河の鳥屋から聞いた情報もある。

次に、長崎の出島のオランダ商館で鵞について「蘭人」と交わしたやり取りが記される。まず、ロシアに至った伊勢の大黒屋光太夫や仙台の津太夫などが話した「ロシアでは多くの雁を飼って常食としている」ということについて、斉清は「雁ではなく鵞であろう」と蘭人に尋ねた。すると蘭人は、「ロシアで家に飼って常食とするのは多くは鵞であり、たまには野鵞やその末族も捕らえて食べることもある」などと答え、蘭人は「野鵞ト家鵞トノ皮ニツメモノ」をしたもの、つまり剥製を出して見せた。次いで斉清が鳥を和名で「詰」すると、蘭人は鴻と、雁と、雁の種類の「皮」を出して見せ「野鵞の末族である」と言った。そして蘭書を読んだ後、「鵞は元をたどれば野鵞であり、家で飼いはじめて二百年を経て家鵞となった」などと説明した、と記される。

このように、斉清は蘭人の説明で「野鵞之説」を著すことができた。末尾に「天保九戊戌仲夏　楽善謹誌」とある。楽善とは斉清のことであり、隠居して三年余り後のことである。前述のように幼少時の斉清の眼は暑中には正常であった。「野鵞之説」は四十三歳の夏に成っている。

◎三つ目の部分は、鳥の鳴き声について記す。斉清は「ノジコ」を最も愛し、その好い音色のものを聞く時は「自然ニ深山渓澗清流ノホトリニ至ルカ如シ」とある。

『駿遠信濃卉《くさ》葉鑑』（国会図書館蔵、写本）

『駿遠信濃卉葉鑑』は木の葉の図鑑である。同書には駿河、遠江、信濃、その他の木の葉二二〇枚余りが線描きされ、その多くが信州産である。文政六（一八二三）年十一月、二十八歳の斉清は、翌春の江戸からの帰国に木曾路（中仙道の一部）の通行を幕府に願い出た。東海道には川が多く、もし雪解けの水で川留めに遭えば長崎警備に差し障ること、また「近年眼病ニ而春暖ニ移候比ゟ者別而難儀仕候」というのが理由であった。斉清は文化十四（一八一七、二十三歳）年と文政四（二十六歳）年にも木曾路を通行しており[4]、斉清の収集意欲が見て取れる。同書は七部に分けられ（便宜上筆者が分けた）、木の葉には木名、形状、産地名などが記される。そして一部の東海道産を除き、木名の大部分には楽善（斉清）と、赭鞭会の会員の四季園（佐橋兵三郎、幕臣八〇七石余）・楽圃（飯室庄左衛門）、それに花戸（植木屋）の意見が記される。それらのうちから紹介しよう。

二部の「五拾三印」に、筑前那珂郡不入道の百姓の庭の木の葉が描かれ、

予六歳ノ時ヨり今年五十五歳、如此奇樹ヲ聞ス、諸先生ノ高説ヲ乞フ

と記される。斉清は六歳から樹木に関心を持っており、五十五歳は嘉永二年に当たり、没する一、二年前である。また「諸先生ノ高説ヲ乞フ」と記されることから、斉清たちは赭鞭会のように一同に会するのでなく、木の葉の図は回覧された感がある。そして図の横に

『秘伝花鏡』ニ載スル処ノ古度子ニモアラン、未決
楽圃詳言　嘉永二酉秋八月

とあり、楽圃は「古度子」と推量する。『秘伝花鏡』とは清の陳扶揺が彙輯した園芸書であり、安永二（一七七三）年に平賀源内が訓点をつけるなどして刊行した。季節は残暑のころである。

三部には「嘉永中夏末」とあり、十六種が収録される。これも晩年の、夏の末である。

七部では斉清と四季園・楽圃の論争が記される。江戸の青山下野守の屋敷の庭に「木綿樹」と呼ばれている珍しい樹があった。斉清はこれを「白楊」の一種「デロ」と推測し、その木にできる長い房をデロの子とした。一方楽圃は、房は子でなく花であり、垂れ下がる房の形状から楊ではないと言う。四季園も同意見であった。そこで斉清は「四季園・楽圃両先生□答フ」として長々と蘊蓄を傾けた。要約すると、デロの女木を見たことがない斉清は、青山邸の木の房のように下垂して中に実を結ぶ「椅《いいぎり》」や「槭《かえで》」の種類を例に挙げ、自説の証拠付けとする。槭について斉清は十二歳以来、その品類を詳しく知

るために「蘭人」に質問し、蘭書中に槭を意味する「アセルボーム」とあれば翻訳させたと記す。また「来春（濃州の）八幡侯ニ乞テ華ヲ見ハ『テロ』ナラン」とも記す。女木と男木の説明には近江国や尾張国の「椿」が登場する。そして最後に「予信州ニ便リアレバ『デロ』ノ子ト葉ヲ貴覧ニ呈セン」とある。約束は果たされ、楽圃の返事が記される。

高説謹奉拝誦候、「デロ」ノ子ヲ花ト混シ候条、御花活ノ儘、節翁差越拝見仕候処、如何ニモ珍品ト恐怖イタシ、全ク子ナルコトヲモ試ズ妄ニ花蕾ト而已考ヘ誤り見立違、大麁忽無申様（略）白楊樹・木綿・サワブシノ生地ノ寒暖、天度ノ南北、其地ノ方言マデ（略）

楽圃は、節翁（＝四季園）から回ってきた活きたデロの子の珍しさに驚き、自分が軽率に花と思い違いをしていたと恐縮している。斉清の説明は樹木の生地の寒暖や緯度、地方の呼称にまで詳しいという。四季園・楽圃先生を論破した、斉清の得意満面の笑顔が見えるようだ。

このように本草家・斉清は江戸からの帰国の途次などで樹木の葉を採集したり物色し、赭鞭会の会員・四季園や楽圃との交流を楽しんでいる。

『本草啓蒙《ほんぞうけいもう》補遺《ほい》』（国会図書館蔵、写本）

『本草啓蒙補遺』は鳥類、樹木類、「石之部」に別けて収録されており、作成年は記されない。樹木のうちから「梅」を紹介しよう。

○梅　楽善曰、予梅ヲ愛スル事多年、啓蒙中ニ三百余品トアリ予悉ク種類ヲ集ント欲テ遂ニ八百有余品ト成レリ

長年梅を愛している楽善こと斉清は、蘭山『本草綱目啓蒙』に三百余りとされる品に対抗して八百余りの品類を集めたと言っている。そしてそれらを八つに大別する。「第一種」は「野梅」であり、九州の山谷や原野に自生し、特に筑前鞍手郡犬鳴山に多いと記す。第一種のうちの「梅谷」は「過半梅ナリ」（混じり気が少ない梅の意）、花は単弁で白色。また家に産するものは「第一種野梅性」といい、野梅から変性したもの、とある。「野梅」は純粋な梅なのか否かは言及しない。次に「第二品（ママ）」から「第六」までは花や枝などの形状で分別する。「第七」は「ブンゴショウ」で杏と梅の相半するもの。「第八」は、「『アンズショウ』ト云。是杏也。又『アイノモノ』ト云アリ梅ト桃ト相半スル者也」と記し、続いて第一種から第七より変性した品々を挙げる。

以上のように、第一種の分類が今日的であるのに対し、

第八は杏といいながら、梅と桃の混じったものや各項から変性したものを一括りに束ねており、体系的でない。

園芸的な大別法を創始したのは『梅譜』（一九〇一年）の著者小川安村である。ウメの園芸品種は小川安村の性の分類を基にして四性（野生性、紅梅性、豊後性、杏性）、ないし三系九性（野梅《やばい》系、豊後系、緋梅系に分け、さらに九性に細分化する）に分けられる(5)。斉清の大別はそのさきがけであったのか。それは大まかにいえば四性に分けたものと合っている。

二　斉清、シーボルトと問答をする

福岡藩は佐賀藩と隔年の長崎警備を担当し、藩主は当番年に長崎巡視を行うのを例とした。文政十一（一八二八）年三月の巡視の折、斉清は養子の斉溥《なりひろ》（十七歳）を伴い出島のオランダ商館を訪れて、シーボルトと問答をすることができた。斉清三十三歳、シーボルト三十二歳の時である。

シーボルトはヴュルツブルグ大学において医学のほかにも動物、植物、地理、人類の諸学を修めドクトルの学位を得ていた。そして文政六年にオランダ商館付き医官として来日し、以来、任務であり彼自身の目的でもあった日本の総合的研究を精力的に行った。また鳴滝塾では患者を診療し、門弟たちに手術を見せたり臨床講義を行うなど、その名声は世に聞こえていた(6)。

そんなシーボルトとの問答を記録したのが『下問雑載』(7)であり、記録者は斉清に付き従った安部龍平（一七八四〜一八五〇）である。龍平は農家出身で福岡藩士安部忠内の養子となった。初め同藩の蘭学の祖・青木興勝に蘭語を学んだ後、長崎の蘭学者・志筑忠雄（一七六〇〜一八〇六）に師事し、その後斉清の蘭学指導にあたっている。通訳したのは吉雄忠次郎。彼は文政五（一八二二）〜九年まで幕府の天文台詰通詞を勤め、長崎に帰った後は翻訳をしてシーボルトを手伝っていた。現存する『下問雑載』は写しであり、植物や鳥、各地の人物・風土、奇怪なものなど三十六カ条の問答を収録する。以下、植物のうちから原文と現代文を交えて紹介しよう。

吉那吉那樹について

出島の門を入ると左手に植物園があり、シーボルトによっていろいろな植物が植えられていた。斉清は吉那吉那樹（以下、吉那樹）と「称スル」樹をそこで見たのであろう。次のように問うた。

問

出島で吉那樹と称する樹を見てみると、わが邦に産する土欒《どらん》樹、和名ゴマギというものである。吉那樹はアメリカの白露国（ペルー）にのみ発見され、他国に産することは聞かない。広大な天地であるからペルーのみとは限らないであろうが、土欒樹を吉那樹とするのは疑わしい。何故なら幕府の医者・桂川甫賢が西洋の書の中に吉那樹の「真図」を見つけ、模写して贈ってくれた図と土欒樹は形状が異なっている。

このように、シーボルトが吉那樹とする樹を土欒樹だと言った後、斉清は桂川甫賢からの模写図と、自分がこれまでに見た西洋の書中の吉那樹を比べる。まず模写図とボイスの書中の説明とは葉や花の形状に類似点があり、実の形が異なるのみである。「此図ヲ真ノ吉那吉那樹ト云トモ誣《しい》ユルト云ヘカラズ」、模写図を真の吉那樹と言っても偽りではないと言う（龍平の注に西洋人エフベルト・ボイスが著した書で全部で十冊ある、とある）。次にオーイツの書の吉那樹は花や実がボイスのものと「逕庭」、つまり違いがあると言う（西洋人ヨハンヤコップ・オーイツが著した『シカットカームルト』いう書で一冊ある、と龍平の注にある）。

吉那樹の産地がペルーだけと思っている斉清は、ボイスとオーイツの説、それに桂川甫賢の模写図が異なることをいぶかり、また模写図が真の吉那樹であることを確かめたいようだ。

答

シーボルトは、

吉那樹は凡そ三十種あり、皆アメリカ諸島に生育しその品種は各異なる。ボイスやオーイツはそのことを知らない。

と答えた。龍平の注にオーイツの書は明和三（一七六六）年に開版、ボイスの書は明和六年から安永七（一七七八）年の間に成ったとある。それらは五、六十年前の書であり、その後に多くの新種が発見されたのである。続いてシーボルトは言う。

ボイスもオーイツも実際にアメリカに渡って実物を見たのでなく、写生図を見ただけで形状を述べているから二人の説は異なっている。桂川甫賢の模写図はペルー産の吉那樹である。私の説は土欒樹を真の吉那樹とするのでなく、「能ク吉那ニ似タルヲ以テ唯其形状ヲ示スノミ」、私は久しくこの木の皮を患者に試し、効用を究めてみたいと思っている。もし効き目があればこれは日本の吉那樹であろう。

吉那樹についての問答は以上のようであった。さすが樹の葉に詳しい斉清である。シーボルトが吉那樹とした樹を土欅樹と判定した。そしてこれまでに吉那樹について桂川甫賢から情報を集め、洋書も調べている。しかし斉清が参考にした書は五、六十年も前のものであり、鎖国下の日本では無理もないことであった。一方シーボルトは、土欅樹が吉那樹に似ているからただ形状を示しているのだ、と少し負け惜しみを言っている。彼には日本の総合研究が課せられており、もし吉那樹が見つかればオランダにとって有益であり、また自身にとっても大きな成果となる。この樹の皮から製するキニーネはマラリア（高熱の出る発作が三日ごと、四日ごと、または不規則におこり、蚊によって媒介される）の特効薬であり、シーボルトは出島の土欅樹を試してみたいが、患者がでないようである。彼はこのほかにも日本の吉那樹を探しており、春徳寺や八幡町の高木氏の別邸の植木を吉那樹と見なしていた。後者は真の吉那樹でしかも上品と驚いたが、残念ながら本宅に移植した後に枯れてしまった。(8)

梅・桜・槭について

問

斉清は梅・桜・槭について次のように問うた。

わが邦は草木の種類が甚だ多く、中でも梅・桜・槭の類は最も豊かである。しかしドドネウス『草木譜』から考えると、西洋ではこれら三種の品類は甚だ少ない。同書の中に強いて言えばわが邦の三種にあたる図はあるが、一、二形状が合致しない所がある。これは風土の違いによるのか別のものか。また中国の書にも桜・槭の品類が多いとは見えないから、わが邦は桜と槭が多いこと世界の最たるものではないか。槭は西洋にもありながら「本草」にはただ一品を出して他は省いているのか、

と言ってシーボルトに百種ばかりの槭の押し葉を贈った。

五十二万石の太守・斉清は日本が植相豊かで特に梅・桜・槭の種類が多いことを大いに自慢し、またドドネウス『草木譜』を話題にできることも誇らしく思っているようだ。同書は容易に手にすることができない希少で高価なものであった。(9) 同書を見てみると、梅はなく杏のAbricot□(sカ)が一種あり斉清はそれを梅と見なしたのであろう。次に槭のAcerは三種ある。よく見るカエデでなく、宇田川榕菴『遠西《えんせい》鐸度涅烏《ドドネウス》私物品考名疏』（国立国会図書館蔵）には「山カヘデ」と訳されている。桜はさくらんぼのなる木が二種。これらの図は少々デフォルメされている。以上から斉清は、梅・桜・槭にあたる図は一、二形状が合致しないと言うのであろう。シーボルトに贈った槭一〇九枚は今なおライデン国立腊葉館に保存

されている[10]。

答

梅についてシーボルトの答えは次のようであった。
「日本ノ梅ハ総テ欧羅巴ノ者ニ異ナリ、野生梅ト杏トノ変スル者ナリ、故ニ真ノ梅ト云ヘカラス」。梅はただ日本、シベリヤ、中国北部に生育する。ヨーロッパには梅はなく杏があり種類が多い。それらは風土気候の違いや人の手が加わって「奇品」が生まれた。
シーボルトは、日本の梅は野生梅と杏の混じったもので「真の梅」ではないとし、梅の分布を述べる。しかし真の梅がどこに生育するのかは触れない。

前述の問答の後に成った[11]『本草啓蒙補遺』の中で、斉清は梅を大別して「第一種」を「野梅」とし、原野などに自生し、特に筑前鞍手郡犬鳴山に多いと記している。この「野梅」はシーボルトが日本にはないと言う真ノ梅とどう違うのか。諸事典の中に「ウメ」を見てみると、ウメは中国中部が原産で、日本で野生化したとされ、大分県や宮崎県に野生品があるとする説がある。江戸時代に多くの品種がつくられ現代では三百種以上ある[12]。

ウメの分類は人によって異なる。吉田雅夫氏らは枝幹、花弁、核などの形態を調査してウメを純粋ウメ、アンズの形質を少し含むウメ、アンズの形質を多く含むウメに分類し、純粋ウメには小梅系や野梅ほかを挙げている[13]。これからすると斉清の野梅は純粋ウメと言ってよい。

シーボルトは後年、『日本植物誌』（解説編[14]）に「ウメは日本中広く分布し野生のものも植えられたものもある」と記しており、日本に野生梅があることを問答の後に知ったことが分かる。また続いて「野生のウメの花は白であり、栽培されているウメの花は白から赤の間の色調のものがある。その数百にものぼる変種の豊かなコレクションを筑前守は所有しており、我々は彼の好意により最も珍しいもののスケッチをとることができた」と記す。筑前守は備前守斉清のことであり、斉清はシーボルトに大いに貢献したことが分かる。またシーボルトはツッカリーニ（『日本植物誌』の共同著者）と連名でウメとその数種の品種に学名を与えている[15]。

槭についてシーボルトは、
槭は日本、シベリヤ、北アメリカに生育し凡そ四十種ある。そのうち日本にあるのは二十に過ぎず、園生のものは全て変性したものである。フランスの「本草家」デカントレがはじめて野生の者二十九種を発見し、私は日本で十種を、トインヘルゲ（ツュンベリー）も日本で七種を発見した。いただいた押し葉を見てみると野生のものは十二種に過ぎない。

と答えた。シーボルトは槭の分布を知っており、日本における槭の野生種を調べていた。斉清が贈った百種ばかりの押し葉のうち野生種は十二種に過ぎないと言う。十二歳の時から槭に関心を持った斉清にとって押し葉は自慢のものだったに違いないが、シーボルトが注目するのは野生種であった。斉清はシーボルトの知識に驚いたに違いない。

西洋ではリンネが一七五三年に『植物の種《しゅ》』を著し植物に属名と種名を与えて分類を体系化して以来、植物学は大きく発展した。リンネは西洋以外の植物がその分類体系に適合するか試してみたく、植物学者たちに世界各地の調査旅行を勧めた。前掲のツュンベリーもその一人であり、南アフリカの喜望峰において三百余りの新種の草木を発見し、その後出島のオランダ商館の医者として赴任（在日一七七五〜七六年）している[16]。

続いてシーボルトは答える。

ドドネウスが『草木譜』を編纂した時「本草学猶昏然《こんぜん》トシテ未ダ精シカラス（龍平の註にドドネウス『草木譜』開版元和四年、今文政十一年まで二一〇年とある）。故ニ唯一種ヲ挙ルノミ

斉清が引いたドドネウス『草木譜』は当時より二一〇年前の書であった。植物学が未発達の時代であったから、ただ一種を挙げているのだと言う。しかし同書には多くの植物に数種類が挙げられており、シーボルトはそれを知らない。彼は同書を研究の対象にしていないようだ。

桜について。問答の時、シーボルトは桜についてもよく知らなかったのか、『下問雑載』に答えは記されない。後日、斉清は『物産説』を著して、

中国に桜がないのは疑わしい[17]。昔リュスラント（ロシア）に漂着した日本人がそこで大きな山桜を見たという。他国に桜や山桜はないのか。

と尋ねた。シーボルトはそれに答えたのであろうか。前述の『本草啓蒙補遺』の山桜の項に、

蘭人曰、本邦ノ直下ニ当ル亜墨利加《アメリカ》洲中甚ダ多シトイヘドモ、未ダ開ケザル地ニシテ草木ヲ愛スルノ人ナケレバ、只野生ノミニシテ品類少シ

と記される。アメリカに野生の山桜が多いというこの蘭人はシーボルトに違いない。その理由を時系列で見てみると、文政十一年三月の問答では海外の山桜についてシーボルトの答はなく、後に斉清は『物産説』で質問した。その後の同八月、世に言う「シーボルト事件」が起きた。禁制品を持ち出そうとして発覚したのである。彼は厳し

い取り調べを受け、翌十二年十二月に国外追放となった。その十二年と天保二、四年は福岡藩の長崎当番であったが、斉清が長崎巡視を行ったのは天保二年のみである。他は養子の斉溥が代行し、斉清は天保三年九月に江戸へ立ち、五年十一月の隠居に至っている。このように長崎へ赴いたのはわずかであり、事件後の厳しい状況下に長崎警備を担う斉清がオランダ人と交流を持つことは考え難い。前述の「野鵞之説」にもオランダ商館において蘭人が登場した。彼は鳥に詳しく、剝製を見せてくれる[18]というシーボルトとの共通点があった。

以上から筆者は蘭人をシーボルトと見る。斉清はシーボルト事件をはばかり実名を避けて蘭人としたのではないか。『物産説』は今日もライデン国立民族学博物館に所蔵されている。

このような問答は三十六カ条に及び、斉清は日暮れて屋敷に帰った。その後龍平は問答をまとめて注をつけ、八カ月後『下問雑載』を成した。その「附言」で龍平は、シーボルトが特に「草木ノ事ニ長ス、詳密殆《ほとんど》神ニ入ト云ベシ」と驚き、鳥についてはわが侯に及ばないであろうと評している。問答の後シーボルトは捕らえた鳥で名称が不明な数種を数回寄越し、斉清侯はそれにひとつひとつ答えたと序に記される。また斉清は日本産の鳥類の一覧表をシーボルトに贈るなど、彼の研究に貢献した。シーボルトは出島からテミング（ライデン国立自然科学博物館館長）に宛て「日本で第一級の鳥類学者、筑前侯のお陰で私は現に生息している鳥類の滞在期間、生活の仕方などを知ることができた」と書き送っている[19]。

三　斉清とドドネウス『草木譜』

斉清が引用したドドネウス『草木譜』は日本にわずか数冊もたらされた一四〇〇ページ余りに及ぶ難解で高価な書であった。斉清はそれをどこで見たのであろう。同書はベルギー生まれの医師ドドネウスが編纂し、一五五四年にフランダース語版と仏訳本が出され、後に英語版とオランダ語版が刊行された。最初日本にもたらされたのは万治二（一六五九）年（オランダ語版）であり、その八十年余り後に初めて野呂元丈が抄訳した。その後も平賀源内と吉雄耕牛の共同翻訳などがあるが、いずれも断片的なものであった。

本格的な翻訳が始まったのは寛政四（一七九二）年である。松平定信が元オランダ通詞・石井庄助に命じたもので、本草家たちや医師たちが携わりほぼ完成したのは三十年後の文政六年であった[20]。その間庄助が死去し吉田正恭が中心となった。彼は前述した天保期に斉清や前田利保らと書簡によって質疑を交わした人である。天保十四年に記された田井柳蔵の「遺呈草木譜草案」[21]によれば、古い書である同書は拂郎察《フランス》・羅典《ラテン》の古字を書き加え、また「古義」であるため難解で、翻訳作業は困難を極め一度の会合で三、四字を解すという具合であった。そして文政十二年に出版の命が出された矢先、定信が病没し、続いて江戸の大火で原稿や版木などの大半が焼失した。その後追々取り調えられて天保十三年にできたという。その後出版されたか否かは不明である。文政十二年は斉清がシーボルトと問答をした翌年である。

松平定信は田安家から白河松平家の養子となり、天明七（一七八七）年から寛政五年まで老中を勤め寛政の改革を行った人である。斉清の父・斉隆も一橋家から黒田家に養子に来ており共に徳川吉宗につながる。また定信の養父・松平定邦の室は福岡藩六代藩主黒田継高の四女[22]であった。このように定信と遠縁の関係にあった斉清は、文化七年十七歳の正月、「松平越中守定信に親ん為、且ハ年賀を兼て其邸ニ至り、定信及ひ其家内に対面し」た。本草に関心を持つ二人である、きっと翻訳中のドドネウス『草木譜』のことが話題になったに違いない。斉清はそれが切っ掛けで翻訳に用いられている同書（杉田玄白の書を借用していた）を見た可能性は大きい。

おわりに

斉清は幼少時から樹木や鳥に関心を持ち、和漢の書はもとより蘭書の中にも知識を求めた。また参勤・下向の途路は珍しい樹木に目を留め木の葉を収集した。特に熱心なのが梅の収集であった。博物学の大家小野蘭山に対抗して八百余りの品類を集め八つに大別した。それは今日に通じる部分と十把一からげにした体系的でない部分があるが、蘭山にもない試みであった。

シーボルトとの問答は斉清の本草学においてまたとない貴重なひとときであった。植物の問答には洋書を引いて質問した。そこに誇らしげな大公・斉清を感じられるが、書物は相当古いものであり、鎖国下の日本では仕方がないことであった。吉那樹については、シーボルトがそれとするものを土欒樹であると言って得点できた。梅や槭では、海外における分布や野生梅のことを聞かされ、またシーボルトに贈った百枚余りの槭のうち野生種は十二種に過ぎないと指摘された。斉清にとっては十二歳の時から調べた槭である。シーボルトの答えに斉清がどう反応したかは不明であるが、『下問雑載』の記録者・龍平は「附言」の中でシーボルトの本草学は神の域に入ると評しており、斉清も同様だったのではあるまいか。斉清は微かながらも西洋の進んだ植物学に触れることができたのである。そのころ日本にはまだ植物学ということばはなく、本草の世界であった。斉清の著書には時々蘭人の説が引用されており、筆者は蘭人をシーボルトと見た。一方で斉清は梅や鳥についてシーボルトの研究に貢献することができた。

　幼少のころより目を患った斉清は、成人後も藩政に積極的に係わることなく三十九歳の若さで隠居した。その後青山の隠居所で研究の成果を書にまとめ、一流の本草学者と書簡を交わし、本草の愛好家たちと交流した。しかし眼病のために富山藩主・前田利保や幕臣たちが活躍する赭鞭会に出席できないなど、斉清のもどかしい思いは想像するに難くない。斉清の眼の症状はどのようであったのか、晩年の著書のうちに夏の暑い時期に成ったと明記されるものがいくつかあり、それを考える上に示唆を与える。弘化・安政ごろの本草物産家相撲番付には、東の大関は前田利保（致知春館）、西の大関は斉清（楽善[23]）と称されている。このように、斉清が本草学とともに過ごした隠居所は、藩財政と家臣団そして領民が困窮を極める中で莫大な費用を掛けてできたものであった。

注

（1）上野益三『博物学の時代』（八坂書房、一九九〇年）。

（2）『御家事記上　雑事之巻五』（「黒田家文書」福岡県立図書館蔵）。

（3）平野満「前田利保と本草学」（『特別展　お殿さまの博物図鑑』富山市教育委員会、一九九八年）。
（4）『文政六年御帰国前録』（「黒田家文書」福岡県立図書館蔵）。
（5）『園芸植物大事典』（小学館、一九九四年）。
（6）『シーボルト家の二百年展』（シーボルト記念館、一九九六年）。
（7）「福岡県史編纂資料　四三」（福岡県立図書館蔵）。
（8）「屠赤瑣々録」（『大分県先哲叢書　田能村竹田資料集　著述篇』大分県教育委員会、一九九二年）。
（9）インターネットで東京薬科大学の電子稀覯本・『ドドネウス草木譜』を開くと、杏 Abricot [s] は一二四九ページ、槭 Acer は一三一四・一五ページ、ブラックチェリーほかは一一六四・六五ページに収録されている。
（10）大森實「シーボルトとかえで」（杉本勲編『近代西洋文明との出会い』思文閣、一九八九年）。
（11）問答から十年ほど後に成った「野鵞之説」（『鵞経　一』）と成立年不明の『本草啓蒙補遺』を比べてみる。鵞の原産地について斉清は、「野鵞之説」では「支那ノ産ニアルマシ」と推測するにとどめているが、『本草啓蒙補遺』では「此鳥素ト支那ニ産スルニ非ス、元ト北方野鵞ヲ畜ヒ、家鵞ニ変ジ」と断定し、また内容も充実している。よって『本草啓蒙補遺』は「野鵞之説」そして問答より後に成ったことが言える。
（12）『日本大百科全書』（小学館、一九九四年）。
（13）『果樹園芸大百科』（農山漁村文化協会、二〇〇〇年）。
（14）P・F・B・フォン・シーボルト『シーボルト日本の植物』監修。同書の訳者あとがきに、『日本植物誌』の解説編のうちフランス語で書かれたシーボルト（一部ミクェル）の付記を日本語に翻訳したものとある。
（15）平井信二『木の大百科』（朝倉書店、一九九六年）。
（16）注1に同じ。
（17）大黒屋光太夫は一七八二年にアリューシャン列島に漂着。四年後にエカテリーナ二世に謁見して一七九二年の帰国。ロシア滞在中に見聞したことを記録したものに幕臣・桂川甫周『北槎聞略』がある。津太夫らも一七九三年に漂流し、イルクーツクで暮らし一八〇四年に帰国。彼らの見聞を大槻玄沢が『環海異聞』にまとめた。
（18）ジーボルト『江戸参府紀行』（平凡社、二〇〇五年）の中、シーボルトは江戸参府の際に宿舎で薩摩の島津重豪に鳥を剝製にして見せた。
（19）酒井恒他『シーボルトと日本動物誌』（学術出版会、一九九〇年）。
（20）上野益三『日本博物学史』（平凡社、一九七三年）。
（21）杉本つとむ編『遠西独度涅烏斯草木譜 V』（早稲田大学蔵資料影印叢書刊行委員会、一九九七年）。
（22）川添昭二・福岡古文書を読む会校訂『新訂黒田家譜　第五巻』（文献出版）寛政二年六月七日条。
（23）『色彩江戸博物学集成』（平凡社、一九九四年）。

福岡都心神社街道

福岡市中央区の神社巡り

安《あん》藤《どう》政《まさ》明《あき》

はじめに

福岡県は、神社数が全国で三番目に多い都道府県である（神社庁登録三三一九社）。福岡市の中心・中央区に限っても、数多くの神社が鎮座する（神社庁登録二十一社）。しかし、一部の神社を除き、残念ながら福岡市民にもあまり知られていないのが実態である。そこで本稿は、中央区に鎮座するすべての神社を紹介することとした。ぜひとも少しだけ時間をつくって参拝していただきたい。

＊『福岡県神社誌』は『神社誌』、『筑前国続風土記』は『続風土記』、『筑前国続風土記附録』は『附録』、『筑前名所図会』は『図会』とそれぞれ略した。

福岡市中央区の主たる神社・四社

最初に、福岡市中央区の主たる神社を紹介したい。選択方法は、戦前の旧社格において「県社」であった神社及び「護国神社」とした。

1　福岡県護国神社（六本松）　境内は中央区の神社で最も広く、全国の護国神社の中でも有数の面積を誇る。御祭神は明治維新以降の戦没者などである。明治維新以降とされているが、平野国臣、真木和泉、加藤司書ら幕末の勤王志士も御祭神である。大東亜戦争直前編集の『神社誌』では御祭神六千三百二十柱としているが、現在は約十二万柱である。先の大戦による英霊がいかに多いか感じられ胸が痛い。

福岡県護国神社の歴史は、明治元（一八六六）年十一

1　福岡県護国神社みたま祭
2　警固神社石標，正面鳥居

月の「妙見招魂社」及び「馬出招魂社」その他四社の招魂社に始まる。明治三十六（一九〇三）年には両社を合祀して「妙見馬出招魂社」となり、昭和十三（一九三八）年に「福岡招魂社」と改称された。昭和十四年には招魂社制度改正に伴って「福岡県護国神社」と再改称。昭和十八年四月、元寇古戦場でもある福岡連隊練兵場の払い下げを受けて社殿を創建し、福岡県内五招魂社を合祀して鎮座した。残念ながら昭和二十年六月の福岡大空襲で本殿他すべての建造物を失う。戦後は「正中宮」と称していたが、昭和三十二年五月、福岡県護国神社に復した。現社殿は、昭和三十八年五月の竣工である。

台湾檜材による高さ一三メートル、柱の直径約一六〇センチの木製大鳥居がある。昭和十八年社殿創建の際に台湾より船舶で運ばれた檜で、木製鳥居としては全国屈指の大きさを誇る。また、境内には扁額に「招魂社」、柱には「明治三年」と刻まれた鳥居も残る。

全国的に護国神社は「みたま祭り」が有名。福岡県護国神社ももちろん例外ではない。お盆の期間は多数の献灯により幻想的な空間となる。

2　警固神社（天神）　福岡の中心・天神に鎮座。御祭神は警固大神と総称される神直日神、大直日神、八十禍津日神。警固大神は伊邪那岐大神が筑紫の日向の小戸の檍原で禊祓したときに最初に生まれた神である。

歴史は古く、神功皇后が「三韓征伐」勝利の報恩に福崎山（現在の舞鶴城址）に祀られたのが創建とされる。黒田長政による福岡城築城のため一時小烏神社と合祀されたが、慶長十三（一六〇八）年に現在地に鎮座した。「黒田騒動」の当事者である第二代福岡藩主黒田忠之の産神で、歴代藩主の尊崇篤く、相次いで種々の奉納を受けた。正面大鳥居は黒田忠之の寄進であり、その扁額は最後の藩主黒田長知の揮毫である。明治五年に村社に指定され、大正五年に県社に昇格した。

境内には、天照皇大神宮、天満宮、神徳碑、今益稲荷神社、針の碑などがある。年間を通じて様々な祭祀が行われているが、七月の夏祭には舞台が設営され、特に多くの参拝客で賑わう。

3　光雲《てるも》神社（西公園）　御祭神は黒田孝高・長政。そ

3　光雲神社拝殿天井謡鶴
4　鳥飼八幡宮拝殿

れぞれの法名である龍光院、興雲院からそれぞれ一字ずつとって光雲神社と称する。第六代藩主継高の代に城内に創建。明治四（一八七一）年に小烏吉祥院跡に遷座、明治八年に県社に昇格した。現在地（江戸時代には徳川家康を祀る東照宮が鎮座したが、明治維新を経て廃絶）には明治四十年に遷座。昭和二十（一九四五）年六月の福岡大空襲で被災するが、昭和四十一年に復元された。桜の名所としても有名である。

境内には母里太兵衛銅像、水牛の兜像が目立つ。拝殿天井の謡鶴は舞鶴の地に因んで描かれたもの。賽銭箱に賽銭をあげると鶴の鳴き声が聞こえる仕組みとなっている。拝殿扁額「光雲神社」は、十四代当主黒田長礼氏の揮毫である。

光雲神社で御朱印をいただくと、神社名の肩に「福岡開祖神」と記載される。「福岡」の地名と黒田氏先祖との関係を感じさせる。

4　鳥飼八幡宮（今川）　御祭神は応神天皇、神功皇后、玉依姫尊。讃岐金刀比羅宮を合祀。神功皇后が新羅からの帰途姪浜から上陸され、夜鳥飼村にさしかかったところ、鳥飼氏が御膳を奉った。これを皇后が喜ばれ、胎門の皇子のためと近臣などに御盃を賜ったことをきっかけにこの地に創建され、若八幡と号したのが現在の鳥飼八幡宮という。

もともと鳥飼小学校のあたりに鎮座したが、黒田長政がこの地に別荘を建てるために遷座した（慶長十三〔一六〇八〕年）。歴代藩主の崇敬は篤く、相次いで種々の奉納を受けた。正面鳥居の前の道（昭和通りの反対側）は唐津街道である。明治五年、県社に指定された。

昭和通り沿いに大きな中野正剛銅像が目立つ。正面鳥居の脇には、「中野正剛先生旧家跡碑」がある。碑の下の方に小さな字で「西、四〇米向へ」と刻まれている。中野正剛の生誕地は荒戸で、現地にはやや消えかかった紹介文が掲げられている。

福岡市中央区の旧村社・四社

次に、旧社格が「村社」であった神社を紹介する。中央区には旧「郷社」が存在しないため、既に紹介した四社に次いで社格が高かった神社である。

5　水鏡天満宮秋祭正面鳥居横標柱
8　平尾八幡宮春の大祭

5　水鏡天満宮（天神）　御祭神は菅原道真公。左遷に際し、長い旅の末博多に上陸したときに清流に臨んで水鏡に自らの姿を映し見て、「私の魂は長くこの地に留まり、後世無実の罪に苦しむ人の守り神となろう」と言ったと伝えられることから創建。水鏡天神、容見天神、四十川天神とも称され、現在の今泉、薬院あたりに鎮座した。慶長十七（一六一二）年、黒田長政の福岡城築城に際し、城の鬼門に当たる現在地に遷座。現在の「天神」の地名の由来となる。明治五年、村社に指定された。

正面鳥居の扁額の「天満宮」の書は、福岡出身最初の総理大臣・広田弘毅が小学生のときの書として有名である。同宮配布の「水鏡天満宮略記」にもそう記載されている。しかし、正面鳥居及び昭和通り側鳥居横の「水鏡神社」の石標の書とする説の方が有力説のようである。

6　若宮神社（今泉）　御祭神は豊玉姫命。商売繁盛と子供の神様。昔は住吉神社の神輿がここまで来て一宿したという。聖武天皇の時代に創建され、正徳三（一七一三）年に現在地に遷座。明治五（一八七二）年、村社に指定された。『続風土記』では遷座前の薬院町にあるとして「福岡」で紹介されているが、『附録』では現在地の「那珂郡（今泉村）」で紹介されている。いつも境内は静かだが、夏祭りは子供を中心に大いに賑わう。

7　小烏《こがらす》神社（警固）　御祭神は建角身命、神武天皇東征に功績があったという。古くより薬院の地に鎮座し、建国創業の神・産霊祖神として信仰を集めたという。現在は家内安全、商売繁盛、子供の神様。明治五年、村社に指定された。小高い丘に鎮座。一時期、警固神社併存。『続風土記』、『附録』、『図会』では、ちょうど警固神社と一緒に祀られている状況が紹介されている。『神社誌』では小烏神社の御祭神として誤って警固神社の御祭神が登録されていたことが記載されている。

8　平尾八幡宮（平尾）　御祭神は応神天皇、神功皇后、玉衣姫命。十七世紀頃、現在地に遷座。『附録』、『神社誌』などにおける名称は、単に「八幡宮」。天明八（一七八九）年社殿創建。明治五年、村社に指定された。家内安全、交通安全の神様。同宮関係者の話によると、鎮座地下に防空壕があり、福岡西方沖地震では狛犬が傾いたため修復したとのことである。

境内摂社の平尾天満宮は、戦後宗教法人格を取得して神社庁に登録された後に合併・抹消登録した経緯をもつ（中央区では唯一の例）。『神社誌』にも無格社として独立して掲載されている。由来記によると、かなり歴史のある神社だったことが窺える。

福岡市中央区の『神社誌』掲載無格社・十一社

次に、「無格社」として『神社誌』に掲載のある神社を紹介する。その境内面積、社殿規模などは神社ごとに大小様々である。

10　立帰天満宮正面鳥居
13　五穀稲荷神社社殿

9　住吉神社（港） 御祭神は三筒男命、火産霊神、奥津日子神、奥津日売神。港の造船所などに囲まれて鎮座。享和二（一八〇二）年十月に住吉神社（博多区住吉）が勧請された。鳥居横には明治三十一（一八九八）年から昭和六（一九三一）年まで正午を知らせた大砲に関する「午砲場跡」の碑が立つ。

10　立帰天満宮（西公園） 御祭神は菅原道真。社名は、菅原道真が天拝山にて「無実の冤を陳じて都に立帰らんこと」を祈願したことに由来（『神社誌』）。天拝山麓・筑紫野市の武蔵寺境内にあったが、元禄年間に菅公尊信が篤い四代藩主黒田綱政により荒戸に遷座。明治二十（一八八七）年、師範学校建築の際に現在地に社殿創建。

11　黒瀬神社（西公園） 御祭神は宇賀魂大神。拝殿の扁額では黒瀬稲荷神社とされている。多くの神社が合祀され、境内には多数の鳥居と社殿がある。

12　恵比須神社（伊崎） 鳥居も無く小さな神社であるが、伊崎浦の守護神（御祭神は八重事代主神）。伊崎浦は藩の御用浦で他の浦の漁業権と無関係に出漁できた。一月十日には、恵比須祭が行われている。

13　五穀稲荷神社（地行） お世話をされている方の話によると、少なくとも二百年年以上前からここに鎮座。「この地域には火事も盗みもない、神様のおかげだ」と教えて頂いた。拝殿奥の建物内には多くの仏像や地蔵像が祀られている（福岡市新四国第二十五番札所）。

14　福徳稲荷神社（西中洲） 春吉交差点付近に鎮座す

17　菅原神社（桜坂）天保六年銘鳥居

19　宇賀神社初午祭拝殿絵馬

るがあまり目立たたない。狭い境内一杯に社殿が建つ。御祭神は、倉稲魂命、菅原道真、秋葉神。菅原道真を祀る菅原神社が『神社誌』に無格社として記載されている（のち、合祀）。初午祭は旧暦二月の初午の日に行われている。

15　菅原神社（警固）　田の中天満宮ともいう。菅原道真が博多から太宰府に向かう途中、このあたりで休憩したと言い伝えられる。元の社殿は風霜に朽ちわずかに石垣を残すのみであったところ、昭和六十（一九八五）年に有志により再建された。境内には元福岡市長進藤一馬他の歌碑が三つ建つ。

16　桜ケ峯神社（桜坂）　御祭神は瀬織津媛神、速佐須媛神、気吹戸主神、速秋津媛神。現在は小規模な神社だが、『附録』では桜峯地蔵堂として絵図付きで紹介されているし、『筑前町村書上帳』では現在の中央区の神社は警固神社と桜ケ峯神社だけが紹介されているほど、かつては存在感のあった神社である。

17　菅原神社（桜坂）　鳥居扁額は「天満宮」。『続風土記』でも「天満宮」と記載されているが、地元の人に「菅原神社」と教えていただいたので本稿はこちらを採用。かつて大鋸谷と呼ばれた場所に鎮座。『図会』では「駿河谷天満宮」と紹介されており、この場所から筑紫富士（可也山）が見えることからそう呼ばれたという。「天保六年」と刻まれた鳥居がある。境内に「徳一神社」という珍しい名称の神社が鎮座。地域では逆さまに「いっとくさん」と呼ばれている。

18　埴安神社（鳥飼）　御祭神は、埴安命、菅原道真公、崇徳天皇。向かって右には秋葉神社、左には鳥飼八幡宮元宮が鎮座する。「金子堅太郎先生生誕地」の碑が立つが、本当の場所ではないらしい。

19　宇賀神社（大宮）　一本木神社、または黒田稲荷ともいう。御祭神は倉稲魂命、創建時期は不明。享保の大飢饉後、六代藩主黒田継高が風雨順時・五穀豊穣を祈って宝暦十（一七六〇）年社殿創建。かつて柳町が近かった関係で、拝殿には少し珍しい絵馬が奉納されている。初午祭には地元の方々が集う。

21　中堀神社

22　白鬚稲荷神社

25　小春姫大明神

福岡市中央区の小さな神社、穴場の神社・十二社

最後に、『神社誌』に記載のない神社を紹介する。ほとんどが小さな神社であるが、神社ごとにそれぞれ特徴があって面白い。

20　延寿稲荷神社（舞鶴）　マンション敷地の一角に鎮座。この敷地には古くから造り酒屋があって、その頃からあった稲荷神社をマンション建設後も引き続き祀ったものという。

21　中堀神社（大名）　鳥居など無く社のみ。飲食店傍らに鎮座。世話人（飲食店主）によると、十五年くらい前、店舗改装の際に以前からあったお社を取り壊したところ、改装作業員やデザイナーに事故、病気など続いたため再建したという。神社には特に名称はないらしい。かつて福岡城の中堀だった場所に鎮座することから、中堀神社の仮称で紹介した。

22　白鬚稲荷神社（大名）　小さな神社だが、毎年七月に祭祀が行われる。平成二十年までは桜坂の南福寺の住職が祭祀を執り行っていたが（神職でないところが興味深い）、今は地域の世話人数名だけで簡素化されている。

23　赤坂稲荷神社（赤坂）　けやき通り沿いのマンション一階に鎮座。五月十七日に地元の人が祭祀を行っている。鳥居はないが「由来記」が建つ。火災除けの神様として崇敬される。

24　稲荷大神（赤坂）　民家の玄関先に鎮座。赤い鳥居と小さいながら立派な造りの社殿。戦前、大分出身の方が創建。その後川端を経て約六十年前に現在地に遷座。今も子孫が家族で祀る。

25　小春姫大明神（荒戸）　大名町の田代家（大銀杏で有名な飯田屋敷の東隣）で粗相があった女中が成敗された事件があり、その後その霊に悩まされた主が祀ったことに始まる。南大橋を経て現在地に移転。個人宅敷地内にて今も小春姫命日の六月十五日に祭祀が行われている。

27　八橋稲荷神社初午祭

26　中司孫太郎稲荷神社（西公園）
西公園光雲神社横に鎮座。神社名が印象的である。社務所の方によるとこちらの神様はお酒好きだとか。創建時期は不明だが、案内板では鎌倉時代に遡るとある。境内には二十四の社があり、中司貫太郎大明神、中司孫一大神などの親族神の他、薬師如来も祀られる。境内には玉の海と栃光の力石がある。

27　八橋稲荷神社（唐人町）　明治四十四（一九一一）年に鳥飼八幡宮境内から唐人町商店街近くに遷座。以来、火魔除け、商売繁盛の神として崇拝される。地域密着で唐人町中年会が世話人を務め、初午祭などの祭祀のお世話をされている。社殿裏に社務所、地域の寄合所を兼ねた八橋会館が立つ。

28　平野神社（今川）　昭和通り沿い、平野国臣の生誕地付近に鎮座。御祭神はもちろん平野国臣命である。境内には平野國臣君追慕碑、平野國臣誕生の地碑、平野国臣歌碑などが立つ。

29　金刀比羅神社（桜坂）　御祭神は大物主神、事代主神。讃岐の金刀比羅宮のご分霊。黒田長政が朝鮮出征の際に水軍の守護神として海上安全を祈念したことに始まるとされる。四月十日、十月十日の大祭は多くの参拝者で賑わう。

30　菊池霊社（六本松）　一三三三年、菊池武時がこの地で首を討たれたと伝わる。そのため「首塚」ともいう。鳥居の奥に社殿はなく、「菊池寂阿公之墓」と刻まれた墓石のみが建つ。もともとの墓石をこの場所から移そうとすると祟りがあったため中止したとのこと。胴塚（菊池神社）は七隈に鎮座。

31　稲荷大明神（白金）　商業ビル敷地横スペースに鎮座。平成五年ビル建築時に平尾から遷座。ビルの建設会社が管理。

おわりに

文献及び現地調査をした結果、福岡市中央区内に三十一社（境内摂末社などを除く）の神社の鎮座を確認した。まだ筆者が知らない神社が存在する可能性もある。ご存じの方には、是非ご教示願いたい。

中央区の神社の特徴はその所在地で、区の北半分に集中することである。区の北半分を東西に貫くのが旧唐津街道である。人の往来が神様を祀ったのか、神様が坐す場所に人が集まったのか。いずれにしても、街道を往来する人々は、毎日神社参拝したことだろう。現代に生きる我々も、いつでも神社参拝が可能である。日々感謝の気持ちをもって神社参拝したいところである。

最後になったが、本稿の執筆に関し、多くの神社関係者の方々に多大なるご協力をいただいた。この場を借りて心から感謝の意を表したい。

【主な参考文献】

大日本神祇会福岡県支部編『福岡縣神社誌』防長史料出版社、昭和六十三年
貝原益軒編『筑前国続風土記』中村学園大学電子図書館
加藤一純・鷹取周成『筑前国続風土記附録』川添昭二・福岡古文書を読む会校訂、文献出版、昭和五十二年
青柳種信編『筑前国続風土記拾遺』筑前国続風土記拾遺刊行会、昭和四十八年
奥村玉蘭『筑前名所図会』田坂大蔵・春日古文書を読む会校訂、文献出版、昭和六十年
青柳種信『筑前町村書上帳』福岡古文書を読む会校訂、文献出版、平成四年
『福岡県護国神社造営誌』福岡県護国神社再建奉賛会、昭和四十三年
福岡地方史研究会編『福岡市歴史散策』海鳥社、平成十七年
福岡地方史研究会編『福岡歴史探検――近世福岡』海鳥社、平成三年
柳　猛直『福岡歴史探訪 中央区編』海鳥社、平成八年
柳猛直・財部一雄『大名界隈誌』海鳥社、平成元年
『唐津街道 豊前筑前福岡路』図書出版のぶ工房、平成十八年
宮崎克則・福岡アーカイブ研究会編『古地図の中の福岡・博多――1800年頃の町並み』海鳥社、平成十七年
他に、各神社の「由来記」、「由緒記」、「略記」、「縁起」など。

【歴史散歩】　２００９年９月20日

福岡市中央区黒門―西新

（案内）石《いし》瀧《たき》豊《とよ》美《み》

中野正剛銅像前にて

◎福岡銀行黒門支店前出発

①**黒門橋**　黒門川暗渠の流入口

②**黒門跡**　唐津街道の西新・唐人町側から福岡城下への入口に当たる。幕末には暗殺事件の際に斬奸状などが張り出された。今は明治末創業の「黒門飴」あり。この道を荒戸通《とおり》町《ちょう》と言い、ここから西公園へ向かって順に二番町、三番町……となる。

③**唐人町商店街**（アーケード）そのまま昔の唐津街道の跡。加美家の看板には「創業享保弐年」（一七一七）の文字が。

④**香江医院**　福岡医学校長香江誠の顕彰碑。県立福岡医学校は付属する福岡病院とともに、後の九州帝国大学医学部の前身となる。

⑤**西学問所跡（甘棠館）**　天明四（一七八四）年に福岡城堀端に東学問所（修猷館）、この地に西学問所（甘棠館）が開校した。同時に二つの藩校が開かれたというめずらしい例である。修猷館は貝原益軒の学統を引く竹田家が代々受け持ち、朱子学を教えた。甘棠館は金印の鑑定で有名な亀井南冥が預かったが、甘棠館の徂徠学（古学）は幕府の政策、寛政異学の禁にふれ、焼失したまま再建されなかった。日田の広瀬淡窓（咸宜園）も南冥の弟子。

⑥**成道寺**　境内に八兵衛地蔵あり（石瀧著『解死人の風景』で取りあげている）。

⑦**善龍寺**　山門の「瑞雲」の額は南冥の書。

⑧**甘棠館 show 劇場見学**

⑨**「やな橋」の標柱**　梁橋。菰川はこの部分で暗渠になっている。

⑩**平野神社**　本来の平野国臣の生誕地はこの裏手で唐津街道に面していたと思われる。

⑪**鳥飼八幡宮**

⑫**中野正剛銅像**

⑬**西町観音**　地行西町の町名を残す。

⑭**金龍寺**　貝原益軒・東軒夫妻の墓所。益軒の銅像。

＊「倉田百三福岡寓居の記」

＊朝鮮地蔵・「妙清之碑」

⑮**浄満寺**　亀井南冥一族の墓所。「亀井南冥・昭陽両先生墓所」

⑯**西新緑地**　頭山満生家筒井家関係の碑が集められている。「頭山満手植之楠」、「筒井條之助君記念碑」。條之助は頭山満の娘婿、甥。表の字は犬養毅書。

⑰**修猷館高校「資料館」見学**（解散）

◆歴史随想

対馬慕情

川《かわ》本《もと》一《かず》守《もり》

一　対長同盟と慈芳院

文久二（一八六二）年七月二十八日、対州藩士四十二人（最終的には四十四人）が脱藩して、佐須伊織誅伐のため上府した。徒党を組むことが許されなかった時代、京よりは道を二手にとり、東海道と中山道に分かれて行った。幕府方も品川・板橋の両駅で警戒に当たったものの、捕縛されることなく首尾を全うした（八月二十五日）（p77＝『幾度《きと》八郎伝』（幾度永編集・発行、昭和十六年）のページ数。以下同）。

このときの脱藩士の処分、および藩政建て直しのため、村岡近江・古川治右衛門・幾渡八郎・大浦遠らは、慈芳院を通じて長州侯の斡旋を頼むこととなった（p78）。

これを桂小五郎・周布政之助らが周旋し、九月二十七日、対長両世子のはじめての会合となる。ついで三十日、善之允君（義達）は一同を呼んで脱藩を許し、堅志力行、忠節を尽くすよう申し渡した。

対長同盟が結ばれた経緯について、『幾渡八郎伝』は次のように記している（p86）。

文久二年九月二十七日、善之允君は早朝（午前七時ごろ）より発駕、多田荘蔵が随伴して世子毛利定広公の待つ江戸六間堀中屋敷（慈芳院御殿）に着いた。ほどなく、定広（斉広）公・善之允君・慈芳院御三方の杯事が行われ、午刻になり両家の主立ったものが打ちそろったところで、幾渡八郎が本日集まりの趣旨を述べた。慈芳院の仲立ちにより、対州と長州が同盟を結ぶというものである。出席者は長州側が毛利登人・周布政之助・桂小五郎、対州側が大島友之允・樋口謙之亮・大浦遠らであった。余興として宝生流立囃が演じられた。歓を尽くし、善之允君が帰来したのは亥の刻（午後十時ごろ）。明けて九月二十八日、幾渡八郎が使いになり、長州屋敷に進物を届け、さらに三十日に双方の有志が寄りあった。

【双方出席者・長州側の記録】（p92）

長州側

家老　浦靭負・根来上総・清水美作

直目付　毛利登人

用人　小幡彦七・児玉物右衛門・井上小豊後・周布政之助・来島又兵衛・中村九郎・桂小五郎・佐久間佐兵衛

対州側

家老　村岡近江・古川治右衛門

用人　幾渡八郎・大浦遠・斉藤佳兵衛・大浦作兵衛・多田荘蔵・樋口謙之亮・大島友之允

慈芳院は幼名万寿《ます》姫。文政元（一八一四）年七月八日、毛利大膳大夫斉熙公の女として江戸桜田邸に生まれる。母は側室金子氏。文政十二年十二月、十二歳のとき斉熙公の所生となる。天保六年（一八三五）十二月二十一日、芳紀十八歳にして対州義章公に嫁す。同十年二月、義章三十二代襲封。同十三年六月、義章公、治世四年にして二十六歳で逝去。慈芳院、明治十八（一八八五）年八月二十九日、東京下谷二長町対州邸にて逝去。享年六十八歳。法名　慈芳院殿（p86）。

毛利家は十一代藩主斉熙が天保七年五月他界の後、九月に斉元が、十二月に斉広が没し、敬親が十四代を継いだ。「そうせい侯」と言われた名君である。薩長同盟が怨敵同士の過去を覆して提携、幕末のクリーンヒットとするならば、こちらは尊王と姻戚の誼みで提携した。長年の鎖国政策で、対馬は朝鮮貿易の特典があったにもかかわらず、実質は年々衰退し、本来的な窮乏を満たすにはいたらなかった。対馬藩は表高十万石に対し、実質三万石にも満たない。幕府も辺境の情勢に鑑み、それまでもたびたび援助した。朝鮮通信使の来聘などで藩の財政を潤した。あちこちに飛び地の藩領（筑前怡土郡、肥前田代、下野など）があるのは、そうした事情からである。

義章は二十六歳で卒去した。万寿姫との期間は足掛け七年と短かったが、短い割に功があり、下谷御前と呼ばれて在府の対馬藩士に慕われた。次に襲封したのが、樋口兵部を称していた義章の弟で、このとき二十五歳。天保十三年六月、三十三代義和となる。生涯在野の人と考えていたためか、藩主の器としての素養に欠けていた。女と見れば手当りしだいに手をかけ、藩主の弟ということでだれにも文句をいわせない。二十七人もの子をもうけ、なかでも草使いの娘サトを側妾「碧の方」として威を張った。このことが藩政に正道を欠き、義党の決起から佐須伊織の誅伐、大浦作兵衛の刃傷沙汰と事件が続き、後には収まりがつかなくなって、酸鼻を極めた前代未聞の甲子の変へと発展する。外戚政治の悪はここに極まった。

対長同盟がいかなる働きをしたか。対馬は長州の動静に即応することはできなかった。同盟を結んだころこそ両藩結束の意義は認められたものの、八・一八政変と禁門の変には、一部流れた対馬藩士が加担したくらいで、後を含めても同盟を盾にした動きはなかった。京で大島友之允に桂小五郎が関わりあったことくらいしか、史書には残っていない。勤王に名目があったが、まもなく俗論党が勢威を占めたゆえである。対馬も同じような動きがあった。高杉の決起時には、対馬は大浦・勝井の対立で手の施しようがなかった。

日立つのは、十月に樋口謙之亮・大島友之允の連名で長州の桂小五郎に、朝鮮対策とする長文の議案を提出したことである。これによると当時日本の朝鮮観が分かるが、どのみち日本の武威で押さえ込もうというもので、このころの世界的な帝国主義・重商主義が、わが国へも半端な形で迎えられようとしていた。これはのちの明治政府の征韓論に影響した。また対長同盟によって盛り上がった尊王運動が、勝井五八郎の邪魔立てで困っているとの内報により、事の真偽を確かめに桂小五郎が動いたのもこのころである。

さまざまな経緯を経て、善之允君が将軍にお目見えし藩を継いだのは、文久三（一八六三）年二月五日である。それより早く、実質的に藩政は動いていた。正月二日、政情も安定して藩は次の人事を打ち出した。藩主義達公が十六、七歳の交《こう》であった。藩主としての激務に耐えられたのは、幾渡八郎・大浦遠らの補佐があってのことである。

周旋係　多田荘蔵・大島友之允・樋口謙之亮
周旋方　青木達右衛門
（江戸御在国毎日記・対藩日記）

正月三日になると、朝廷の議奏、坊城大納言の召しにより参内した樋口謙之亮に、攘夷の勅諚が与えられた。樋口はその夜京を発ち、沙汰書を九日午後四時ごろ江戸藩邸に届ける。これにより義達公は勤王の意を強くし、七日、政道に本腰を入れて、家老に委細の示達を行った。十五日には義達公登城して将軍にお目見え、さらに二月五日、家督の相続と義和公の隠居が許された。供は古川治右衛門・幾渡八郎・平田五四郎である。襲封と隠退の日取りが遅れたのは、前藩主義和公の上府が、険しい冬場の海を避けたがためである。（以下しばらく日誌風に並べてみよう。年次は文久二・三年である）
一二月二〇日　善之允君元服。

一月一九日　朝廷にて攘夷の廟議一決。
二五日　外国係板倉周防守、国防の要請。改めて藩公より沙汰書。
二月　五日　城中お目見え。義達公、対馬守。義和公、隠居名播磨守。
二一日　義達公、江戸発駕。幾渡八郎、随従。
三月　七日　義達公、入洛。東山双林寺を旅宿とす。
一一日　天皇の賀茂神社行幸に義達公供奉。右につき十六日天杯を賜る。
一五日　対州に外防の支援として幕府より出費支援の沙汰書。
四月一一日　天皇、石清水八幡宮行幸。義達公供奉。
五月　五日　在京藩士により双林寺にて国事会議。公、時に年十七歳。
元治元年（一八六四）甲子
二月二三日　日新館開館式（p118）。

二　大島友之允の台頭

ここで早くも大島友之允の台頭を見るが、そのあたりの事情について一考しよう。

大島友之允が四十一士に加盟したことは、この後の政局に大きく関係がある。友之允は勝井五八郎とは従兄弟の間である。初め碧の方によって地位を得、碧の方の没落により蟄居させられていた。

さて大島は、有志者がしばしば樋口鉄四郎の奥座敷に密議することを洩れ聞くと、自宅に近い朝陽軒を詫住居としていた義党首唱者の一人、樋口謙之亮をひそかに訪ね、心を改めて義挙に加わらんことを懇願するが、樋口はこれに応じなかった。次に大島の妻、長年の蟄居に窮乏していた樋口に、酒饌を携えて訪い、泣いて憐みを乞うこと数次。頑強な樋口もついに大島夫妻の懇願と、佐須の密書というものを信じて、大浦作兵衛に紹介した。

このとき、作兵衛は大島に向かって、「先日来樋口が友之允を加えようというが、貴様のような時に応じて心の変わるものは、同志としてともに語るに足らず、その故に今日まで同意しなかったのである」と直言した。大島は一言もなく座が白けた。それでも一掬《いっきく》の情をもって加えることにした（p78）。

即ち四十二士の上府以来、江戸にいる者の中で、大島は徐々に頭角を表わしてきた。遊泳術に長けていたものとみえる。武辺者の樋口謙之亮と同列の役務に出世したのに、別段異議を差し挟むものはいなかった。それぞれが役務をもつなかに、無役の大島は雑用を引き受け、これにうまく立ち回った。対馬を出る時、大浦作兵衛に武士には耐え難い雑言を浴びながら、ケロリと忘れたように振舞った。なにごとにも敏く、便利使いに容易であった。それが身上で、昨日の敵は今日の友、とばかりに皆と打ち解けた。樋口謙之亮とはその権柄と同列の役務であった。友之允の周りには外戚勝井五八郎と従兄弟の中原修右衛門もいる。修右衛門はできた男だった。五八郎の誅伐に中心となって心を砕いたのも、修右衛門である。いつまでも昔のことを根に持ってはいられない。対長同盟での動きもある。そうこうしているうち、大浦作兵衛の死により、京都聞き役が大島友之允に回ってきた。友之允には打ってつけの役務である。これを足がかりに、押しも押されもせぬ立場を築いて行った。島を震撼させた甲子の変は、遠い他人の空であった。

【勝井五八郎関係図】

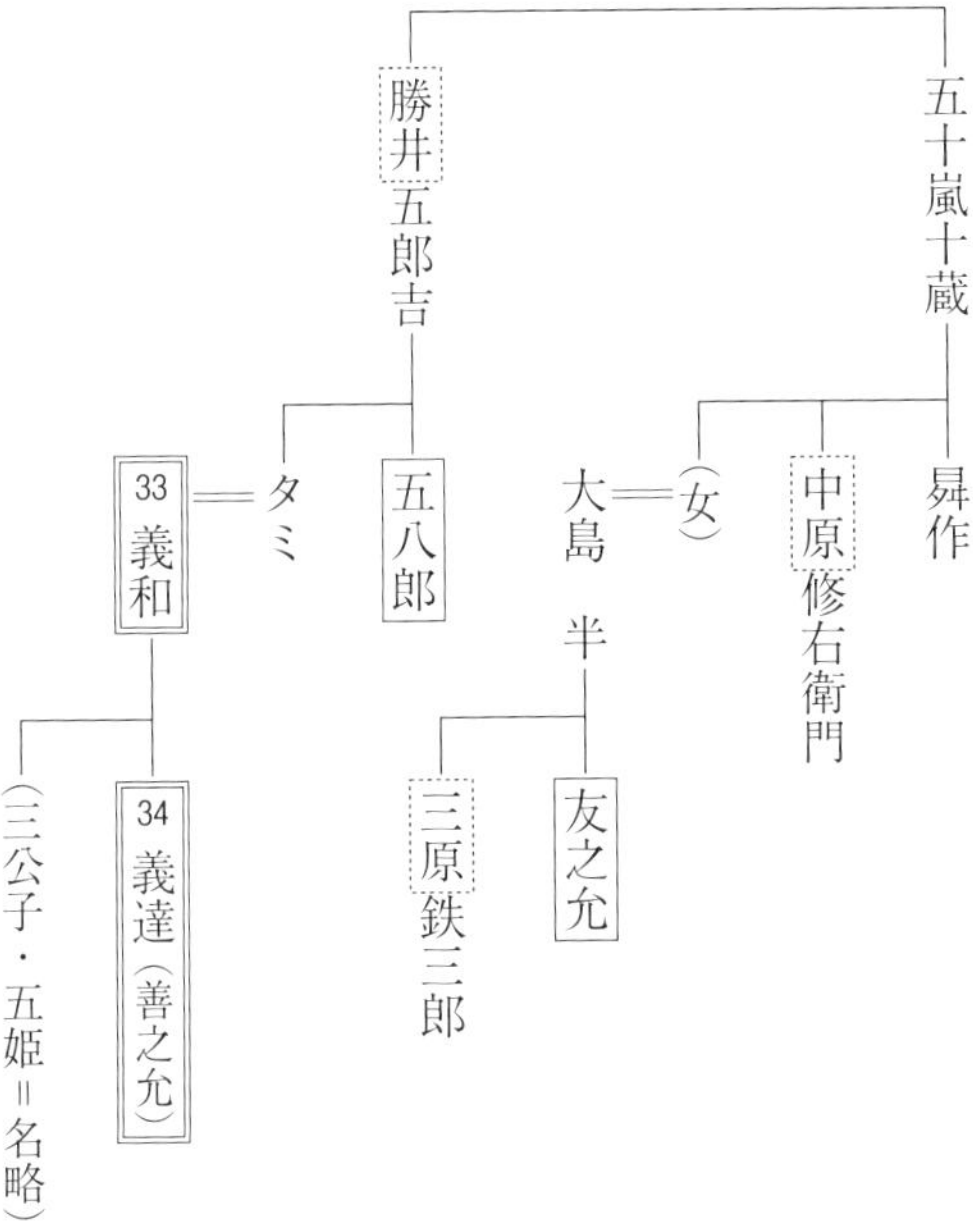

　維新政府が成立し世も治まると、有力者は大島友之允一人になり、参政の地位を得た。だがその中に一つだけ気がかりなことがある。それは樋口謙之亮の存在である。友之允の過去を詳しく知っているものは、もはや謙之亮一人になった。ときにそのことを言うものがあると、古傷の痛みが噴き出るように感じた。

　慶応二（一九六六）年三月、だれの仕業か、謙之亮は闇討ちで葬り去られた。同道していた国分三左衛門は、とんだとばっちりを食わねばならなかった。犯人はいまもって分からない（と対馬では口を噤んだままである）。

「ころり」と行かない大江の立場

「頭が良くて機転が利き、ころりと考えを変える」人とは、誰あろう、当時の際立った人間に思いを馳せれば分かることだ。それがだれかはしばらく措こう。平田大江にこういうことが言われているが、大江はいかにしてもそういう立場になかった。ときにはそれに類する行動もあった。だが平田大江だけが突出したわけでない。だれにも多かれ少なかれあることである。平田は筑前や長州の勤王党・三条ら五卿との交渉の一端、尊王攘夷を他藩の動向とともに動こうとした。それらを背景に平田は、ころりと考えが変えられる状態でなかった。意に反した勝井五八郎の暴虐に、固唾を呑むばかりであった。

「ころり云々」というのは、軽躁な人間が頭が早く回転し、前後の齟齬にも目をくれず、おのが利得だけに汲々とすることを意味し、通常の知識人には当たらぬことばである。『伝』の著者が、平田より大島の方がその点で勝っていたと言っているのは、至言である。

平田大江の評言としてこれを言い出したのは、同じ意味のことが自分に向けられることを恐れ、攻撃に用いたのである。平田の役務を解き、裸同然にして有無を言わせず誅伐した。もはや死人に口なしである。攻撃は最大の防御ともいう。

文久三年五月の京都双林寺における藩会議で、大浦教之助が平田の家老登用に、勝井五八郎の推奨の言を入れて成功した。次はおれの番と五八郎が大浦教之助に申し出たが、教之助はふだんから五八郎の無教養な挙措に辟易して、その分にあらずと見送ったのを、逆恨みした。これがその後の対立を生み、騒動の元となった。五八郎の進言によって家老に取り立てられたのを、恩に感じていた大江は、一言添えて申し出たところ、「あんな無教養な男に……」との大浦の返事をそのまま伝えた。案に違わず五八郎は激怒した。平田・勝井はもともと勤王・佐幕の旗幟が明確であったが、当面の利害は五八郎への恩と同情が先であった。こうして大浦対勝井・平田の結束が生まれたのである。

五八郎は藩主の外戚をもってすれば、暴挙も当然と考えていた。大江はも少しわけの分かった人物と思っていたから、油断があった。さらに島への渡海を渋っている間に、大浦らの建て直しで応戦し、すぐにも勤王派が根絶やしになることはあるまいと思っていた。五八郎は常識を超えた激情家で、無分別なやり口に輪が掛かったのだ。温厚な平田にはその辺の見定めがなかった。だが慎重を期したときはすでに賽は振られていた。よい例が多田荘蔵である。平田大江につきながら京に江戸に、志士のあいだを縦横無尽に駆け回っている。「ころり」を生かせば、局面の打開の方法はいくらもあった。

これが書かれたのは川本達の『対馬遺事――対馬御家

騒動』（大正十五年刊）だが、その証拠の一つは佐藤恒右衛門の『毎日記』である。常始終大江の傍らにいて、日常の出来事を細々と記したものに、時に感情が混じった。性格の違いもあって、事ごとに悪く書いた。その後の平田大江にたいする評言が、おしなべてこれに倣っているのも見落とせない。「マッチポンプ（火付人の消防）」、「猟官運動と鷹狙（足利高氏）」、「財部万右衛門に手法方の責任転嫁」、「ロ艦侵入と防衛策」、「勝井の本島上陸前後」など、すべてが悪人説の観点から容赦ない筆致である。人間味のかけら一つも見出せないのは、平田に救いようがなく、この一事をもってしても、何ゆえ徹底的に悪人に仕立てあげなければならなかったのか。佐藤恒右衛門が対馬に戻る格好のみやげになったのである。平田の容赦ない批判は、この書がもとになった。

三　永留久恵先生

平田の肩をもつ人たちからは、平田は天下の大事を観て行動しているのであって、対馬の小事に拘るはずはなく、平田を上意討ちにした政略の方が陰謀ではないのかという論も出されている。

（「対馬藩お家騒動と平田大江」川本一守）

これは永留久恵先生が、集大成として昨年出版された『対馬国誌』全三巻のうち、第二巻（中世・近世編）の最後に近く、勝井騒動の項に出ている。研究者個人の名前は、第一巻（原始・古代編）の遺跡と対馬領国の成立関係に、発掘の成果と行文の必要から必然的に出るのだが、中世以降の第二巻では珍しい、というよりほとんどない。研究が多様化かつ深化して、いちいち名前まで上げられないのだ。私はそこにあるわが名を見て、永留先生の熱い思いを忖度しないわけにいかない。なぜか書かざるを得ない事情があると思ったのである。「肩を持つ」という一言にどれほどの重み、思い入れの深さがあったろう。まさしく他人に言わしめて我が意を語る、と感じたのだった。

なぜなら問題の部分は、郷党の人たちには滅多に口に出せないことがらだからである。「平田大江の肩を持つ」とは、寝た子を起こすようなもので、平田を悪者にしておけば四海波穏やかなのだ。だからこれは婉曲な言い回しであって、端的にはいえない複雑さが、最低限の表現をとらせているのだ。そこに先生の苦衷を認めないわけに行かない。多少不満だが、書いていただけただけでもありがたいと思った。

私は大島友之允をターゲットにしている。けれども彼を血祭りに上げるには順を追わなければならない。いきなり刃を向けては、彼も困ろう。また平田の肩をもつとして、次に打つ手はあるのか、どう打てばよいのか、ここに来て私の思念ははたと止まる。しかも病気で行動力も失せてしまった。

平成二十一年九月十二日、八仙閣で永留先生の『対馬国誌』出版記念会が催された。集うもの百名近く。すでに対馬でおこなわれ、ほどなく東京でも催されるという。これに集まった人のうち、名前の知れた歴史家は小田富士雄・佐伯弘次・髙倉洋彰・西谷正・森弘子（順不同）といった顔ぶれで、言うならば福岡の歴史家総覧のようなものになった。ややあってそれぞれの方から体験が語られたが、いずれも先生と戦後の早い時期、対馬の発掘に関係したことなどである。先生の行動の早さ、幅の広さ、奥行の深さは、著書の示す通り、改めて先生の偉大さを知ったのだった。

会場では先生に何度も握手を求められた。用事を思い出して部屋を出、戻るとその度、待ち受けたように手を差し伸べられるのである。私のよろよろした手を、しっかと握ってくださった。

永留先生には平成十六年、平田大江の墓の竹の伐採に行ったとき、帰りに時間を作ってお訪ねした。私は予告なしのリュック姿であったし、先生もご用の途中らしく見受けられた。二十分ほどであったが、要点はしっかり話せたし、先生のご病気による奇跡の生還というのも話に出た。通常なら命のないところを、何とか乗り越えたのだという。

帰ってからしばらくすると、手紙や本が届いた。その中には立ち話では語り切れない部分があった。奇跡的に軍役から命を得、復員してから歴史を勉強し直す決意に至ったこと、手始めに遺跡の発掘に従ったこと、業病を抱えながらも奇跡的に長らえている……である。一字一字ていねいな筆跡が身に染みた。そのなかで、見ず知らずの私が平田大江に関心を持つことの不思議について、触れられていた。私の主張が何の係累もないところでこそ言える問題だと、改めて私の立場を認めていただいて、どんなに力づけられたか知れない。

付・私の平成十四年

平成十四年の夏、ある事情で十日ほど対馬に行き、帰るとすぐ福岡地方史研究会に入った。その年の九月である。そして〝平田大江悪人説〟（『福岡地方史研究』第三六号掲載「対馬藩御家騒動」）について、書いた当人に教えを請うつもりであった。その人、梅野初平氏に会ったのは、入会の翌十月の例会日であった。立ち話で川本達の『対馬遺事――対馬御家騒動』の全文をコピーし、それで研究したのだと聞いた。「そんな本があるのですか」と目を丸くしたとき、何も分かっちゃいないものと、五分に話さなければならない億劫さが見て取れた。歴史など常識の端で勉強できる、と思っていた私は、そんな話にも度肝を抜かれ、天と地ほどの懸隔の差を感じた。本は五百ページに近く、ざっと計算しても九千円以上にはなる。県立図書館のコピーがまだ一枚二十円のときだった。梅野氏に聞いたのはそれだけであった。

翌月、もっと具体的な話をと期待していたところ、当月例会日の数日前、梅野氏は逝去されたのだ。梅野氏は他にも〈対馬学〉、〈古文書〉などの研究グループをもっておられた。だから私がその二年後に「対馬藩お家騒動と平田大江」を会報第四二号に発表すると、即座にそのグループから「死者に鞭打つ」との悪評を得ることになった。私は表現にじゅうぶん注意し、前後にもそういう意味のことを書いたつもりだったが、意は伝わらなかった。何より最初に接した話を、お互いが大事にしたのだ。

私は早川勇の著書『田代勤王党の柱石 平田大江』からであり、梅野氏は苗字からも対馬出身。平田大江には他から寄りつけないほど、悪人説に信念をお持ちだったのである。それは今に残る島民の執拗で排他的な考えと、一つも変わらない。

平田に肩を持てば、一方的に同類の者との烙印で責められ、身の置き場がなくなる。島で暮らすためには、自ら墓穴を掘ることはない。それから二年後の再びの対馬で、そうした事実を切実に感じた。知識人は別にして、一般に信じられていることに怖じ気ついたのである。

思えばこの随想も、相手あってのものである。私の刃が相手にどう刺さるか、逆に取り上げられてどう裁かれないとも限らない。

ただ私は、平田大江を以上の観点からのみ論じているのではない。彼には何人かの筑前藩士が関係しているのである。平田大江の要請により藩命で宥免工作に、中村到・尾崎惣左衛門・森勤作ら数名が藩船で対馬に行った。藩命で行ったのに、尾崎惣左衛門・森勤作の二人は乙丑の獄で斬に遭った。また高杉晋作は中村円太により筑前亡命を助けられ、月形洗蔵により、野村望東尼の平尾山荘に匿われた。田代は東西南北の交通の要衝であり、田代勤王党は筑前と気脈を合わせることができた。平田大江の没落と乙丑の獄を併せ考えるとき、言い知れぬものを感じずにはおれないのである。

高田茂廣氏追悼

高田茂廣《たかたしげひろ》**氏**　一九二八年、福岡市西新町生まれ。一九五一年、福岡師範学校卒業。以後、三十数年間小学校教師を勤める。傍ら、海事史を中心とした郷土史研究に携わる。福岡地方史研究会元幹事。日本海事史学会、福岡人権研究所などの元会員。一九九三年、西日本文化賞を受賞。二〇〇一年、会長を務める福岡地方史研究会古文書を読む会編纂の『福岡藩朝鮮通信使記録』が福岡県文化賞（奨励賞）を受賞。二〇〇九年九月十一日、逝去。

高田茂廣君を偲ぶ

佐々木《ささき》哲哉《てつや》

とうとう別れの時が来たか。二〇〇九年九月十一日、高田君の訃報がもたらされた時の感慨だった。

高田君の宿痾《しゅくあ》を知ったのは、『津屋崎町史』刊行（一九九六年三月）祝賀会のあった日であるから、もう十四年も前のことになる。編纂委員長中村正夫先生の急逝で、近世篇の執筆を高田君が受け継いでやり終えたあとである。福間駅跨線橋を渡り終えて上り線ホームに来た時の、ゼイゼイと息を切らしていた高田君の様子が気になって訊ねたところ、「もう駄目ばい。心臓の悪うなって」と言う。初めて聞いた彼の弱気がずっと気になっていた。

高田君とは一九八一年から七年間、福岡市立歴史資料館（現・赤煉瓦文化館）で、席を並べた仲だった。二人とも定年前に学校を辞めた退職教員。それまで考古学の学芸員一人だった市歴（以下「市歴」と略記）に、高田君が歴史担当、私が民俗担当の嘱託として加わった。

高田君との出会いはそれ以前、一九七〇年頃だったと記憶している。私が彦山修験道資料の収集で、県文化会館（現・県立図書館の前身）の図書部長廣渡正利さんの許に出入りしている時であった。そこで顔を合わせたのが高田君。古文書を持ち込んで、広渡さんに解読の手ほどきを受けている。大抵時間が一緒になるので、何時とはなしに顔なじみになった。あとで市歴で一緒になった時、「僕が海の調査をやりませんかと言ったら、今、山のことで手いっぱいだと言う。こん畜生と思った」と言われて赤面した。彼が五ケ浦廻船資料の解読に夢中になっていた時だから無理もない。

それが市歴に入った当初から、高田君の思うがままになったのだから因縁と言うべきか。私の民俗資料収集最初の取り掛かりが、能古島前田瀧郎家の民具。勿論、高田君の差しがねである。あとで彼の労作『見聞略記』の解題を見ていたら、一九七八年、原本を発見した宮浦三角家の廃屋にあった蔵いっぱいの民具を見過ごして棄却してしまった悔恨が記されている。民具は私の担当だったが、その年から民具収集を始めるということで、収蔵していた市歴が、それまで考古資料と一部に歴史資料を収蔵していたが、その年から民具収集を始めるということで、居ても立ってもいられず私を連れて前田家へ直行したところが如何にも高田君らしい。おかげで二百五十点ほどの民具を寄託して戴いた。

それればかりではない。その年の十月には、能古島白鬚神社おくんちの宮座を見に来ないかという。それまで英彦山山麓一帯の宮座調査に専念し、宮座研究をライフワークにと思っていた私は二つ返事で彼の誘いに乗った。

白鬚神社の宮座は十月九日。その前に準備段階がある。聞き取り調査を含めて二晩を高田君宅に泊めてもらい、入念な調査が出来た。市歴の「研究報告書第6集」(一九八二年三月)に調査報告を載せたが、私の初仕事は総て高田君に誘われてのものだった。しかも、高田君宅での二晩は思い出深いものだった。奥さんの手料理もさることながら、彼が語る能古島での檀一雄さん一家との交流は心温まるものがあった。檀さんの留守には夫婦でその居宅の管理を続けていたという。しかし、檀さんの死後、毎年その旧宅で催される花逢忌には主催者に鍵を渡すだけで自分は加わらなかった。如何にも高田君らしい。

それは兎も角、内に奥深いものを秘めながら春風駘蕩、たくまずして出るウイットに富んだ軽口であたりを和ませるのが彼の天性だった。私は市歴閉館(一九九〇年十月)の二年半前に職を辞したが、閉館後も当分は当時のメンバーでOB会が続いていた。かつての和気藹々たる雰囲気を懐かしむ者たちの集いだった。

私と別れたあと、高田君は『浜辺の子供たち』(一九八七)、『見聞略記』(一九八九)のほか、一九九三年には『近世筑前海事史の研究』を出版、一九九六年には「玄界灘に生きた人々」を西日本新聞に七十回に亙って連載しているが、海に関する論考は市歴時代に培われたものと言っても過言ではない。

お互い在野を自認しながら、私は廣渡さんたちとの宗教文化懇話会、高田君は安川巌さん・由比章佑さんたちとの福岡地方史研究会の運営に携わって少し疎遠になったが、お互いの祝賀パーティや町史編纂、前述の市歴O

Ｂ会などで時折顔を合わせていた。しかし、その間に宿痾が彼の肉体を蝕み、心臓と胃を切除したことを聞いた。入院先を訊ねて姪浜の北野クリニックへ行くと外出しているという。その夜自宅へ電話したら、古文書を読む会の「朝鮮通信使記録」解読に出かけていたとのこと。「首から下は駄目ばってん口は動くもんの」といつもの軽口。『朝鮮通信使記録』全十二巻は二〇〇〇年に完成、福岡地方史研究会古文書を読む会代表高田茂廣で福岡県文化賞を受賞した。その年の六月、市暦ＯＢ会のあった日の私の日記に、「高田君の身体が案じられる。精神力だけで生きている」とある。

その後、心配で時々電話をしたが、かける度に衰えを感じ、やがて一分間とは持てなくなった。ただひたすら存命を祈るだけだったが、別れの時が来た。葬儀に参列して、彼の生涯を綴った映像を見ながら、胸にポッカリ空洞の出来た思いがした。享年八十一歳。完全燃焼を遂げた友の冥福を祈りたい。

合掌

高田茂廣先生の思い出

首藤《すどう》卓茂《たくも》

晩年よりもずっと古く、高田先生がいちばん仕事をされていた時代の思い出が頭を占める。僕は先生の専門の近世海事史にほど遠いところにいて、一緒に仕事もしたことはないのですが、お師匠さん、とひそかに思っていました。それは何よりも、先生のお人柄や高田史観といってもいい、教育や歴史を見る時の人間へのまなざしへの共感でしょうか。

著書『浜辺の子供たち――学校が遊び場だったころ』にみる先生の目はあくまで澄んで、登場する子どもたちも生き生きとしています。中心部の小学校に勤めながら、僻地や島、遠隔地などのいわゆる困難校をもとめることが「しょうにおうとった」わけで、自由な実践の余地がそれだけ残っていたことが大きな要素でしょう。先生は管理の空気が学校に漂い始めた頃、教師を辞めた。組合活動に打ち込んでも容易に穴をほがせず、『浜辺の子供たち』はその時代への挽歌となっています。

先生には遊んでいただいた記憶が多い。門外漢であるためのある種の気楽さがあったことは否めません。早良区南部の歴史を調べようと「早良の歴史と自然を探る会」を黒松定心、横山邦継さんたちと一九八三年に始めたころから、先生も時折、例会に花見にと能古島から来ています。内野小学校の勤務もあり、旧早良町の地域を隈なく歩かれていたので、「あそこにあれがあっとば知っとるね」とか、なつかしさ半分の話もよく聞きました。

能古島にもよくうかがいました。檀一雄邸の管理をされていたころの訪問では邸内で憩ったり、玄関前のヤマモモの木の伐採もしました。処女作の『能古島物語』出版のきっかけは檀の示唆だそうです。書くこと、出版すること、（恥をかくこと、もあったか）、これが檀の言葉でした。これをきっかけに先生はひろい歴史の海に漕ぎ出していきます。

インドネシアのカリマンタン島（ボルネオ）バンジャルマシン旅行（一九九三年三月）のことも思い出されます。いまの西区唐泊出身の孫太郎が明和元（一七六四）年水夫として乗っていた「伊勢丸」が鹿島灘沖で遭難。ミンダナオに漂着、ついでバンジャルマシンの華僑に奴隷として売られ六年過ごします。帰国後、その地の地理風俗を語ったものをまとめたものが青木定遠の『南海紀聞』です。この本をガイドに、孫太郎の足跡をたどりました。先生、新森良子、首藤洋と僕の四人のパーティで、新森さんのプラン、先生も浦研究を一歩すすめたい希望でした。言葉もできないまま無謀にも現地入りし、『南海紀聞』の記載地を車に舟にとかけめぐり、記述の正確さに舌を巻きました。

バンジャルマシンは大都市でも人情あふれる人びとの町でしたが、ここにはオランダ総督府があり、太平洋戦争中は日本軍の拠点で、現地の王侯一族の虐殺もした地でした。先生はストアで出会った笑顔のオランダ人に、少年期に学校で習わされた「見よ東海の」で始まる歌をたどたどしい日本語で慫慂され、直立して歌っています。彼の兄は三菱長崎に連行され亡くなっていました。「戦後はじめて歌ったよ」と苦笑いの先生のことば。楽しさと苦味交々の赤道直下の八日間の旅で、写真では真っ黒に日焼けした先生が笑っています。

酒の席でも歌うところは見たことはありませんが、バンジャルマシンでの歌のように、音楽の才に恵まれた方で、思い出の中でもすっと出てくる事柄です。天神で同道のおり、突然ショーウインドウに置いてあったチェンバロに向かって弾きはじめたり、『見聞略記』出版記念会で贈った沖縄夫婦旅行で購めた蛇皮線をすぐ弾き鳴らし琉歌をはじめたり、黒田はるかさんの出版記念会（月隈）では即興のピアノで二部合唱を指示したりとか、小学校の先生の音楽を超えた根っからの音楽家か、と思わされたことがしばしばあります。青年期にはバンドを組んでいて内野脇山の青年団の催しに行ったということを聞いても、さもありなんと納得します。

小学校では国語が専門で、作文指導や短詩形文学も若いころには相当勉強されたようだ。作品にいまに拝していないが、『浜辺の子どもたち』などの文章の素地となる仕事を営々と積んできていた、と考えるとシャープなものがあるに違いない、と出合えることをひそかに望んでいます。

先生との出会いを調べていると、教師退職後、福岡市立歴史資料館に嘱託として勤務された一九八一年、先生が五十二歳の時のようだ。当時、僕は月隈公民館の主事をしていて、歴史や古文書講座の講師をしてもらっていた。その後、八四年に塩屋勝利さんが歴史資料館に異動で来ると、地下の書庫はすぐ組合や研究会などの溜まり場となり、やがて梁山泊のようになり、近くの市民図書館に八三年に異動していた僕も出入りすることとなる。先生も梁山泊の半住人となった感がありました。古いなつかしい記憶です。

月日は流れ、僕が脱サラで古本屋を始める時、「ぼくよりも若く辞めたね」とか「かぼちゃ堂」と名づけたと聞いて、タバコをくゆらせ「平民的でよかねー」という言葉は先生一流の励ましでした。店の看板への揮毫も頼んでいたが、板が見つからずそのままになったことをいま悔んでいます。

高田先生との想い出

中《なか》村《むら》順《じゅん》子《こ》

昭和五十年代も終わりに近い頃、西中島橋の傍にあった歴史資料館を訪れ展示物を見ていると、一人の男性が私に近づき、展示品の説明をされた。その会場で私は「曾祖父の名前の書かれた巻物を持っている、この巻物は、我が家を訪れた男の子たちが児雷也の真似事で口にくわえて遊んだためか、傷んでいる」と言うと、男性は「ここは福岡市の資料館です、寄贈していただければ巻物は修復をして百年の後までも良い状態で保存できます」と、多分このような会話の弾んだ想い出がある。

平成四年夏のある日、海鳥社の別府大悟氏に誘われて、福岡市民図書館で開かれていた古文書学習会（当時の福岡部落史研究会が主催）に入会、講師に紹介されて驚いた、なんと歴史資料館で「巻物を寄贈すれば」とアドバイスを下さったその人、高田茂廣先生であった。

先生は、暫く古文書の勉強を見学したいと言う私に、間髪を入れず「今日から読みましょう、古文書の勉強には『くずし字用例辞典』を購入しなさい。『くずし字解読辞典』は竹森健二郎氏（先輩会員）に貰いなさい」と。

千代紙の模様に見えた文字にも少し慣れたある日、先生が「今度、あんたは鶏小屋に入るよ」と。驚く私に、「県立図書館で朝鮮通信使記録を解読していて、その会は、男性一人・女性三人のグループ、つまり鶏小屋であり、皆さん優しいから安心しなさい」とのこと。

今、『福岡藩朝鮮通信使記録』第十二巻をパラパラと捲ってみると、会員五名の感想文中に恥書きの拙文があり、「平成五年一月入会」と書いている。初回の勉強会終了後、「一寸お茶を」と先生に誘われて近くの喫茶店へ、雑談中先生は半眼でにこにこと私の言葉を聴いて下さった。続けていけるのであろうか、と心中はご心配だったのであろう。難解でいつも私を悩ませる「古文書」との付き合いも、いつの間にか馴染んでしまい、気が付けば彼方此方の「古文書を読む会」へ修行に出かけている私である。

鶏小屋仲間の故阿部道子さん発案で、女性会員仲間は先生に、バレンタインのチョコレートをプレゼントした。先生は「世の中はバレンタインで賑やか、僕は自分で買って帰ることにしようと思っていました」と大喜びされた。そのプレゼント仲間も年を追うごとに減り、この数年は甘党先生の笑顔を想像しながら、二月にはバレンタインのチョコレート選びを一人きりで楽しんできた。

「逢いたい、皆さんに逢いたい」と受話器の向こうから先生の声、もうあの声は聴けない。三分間でもいいお目にかかっておくべきであったと、残念でならない。

「今年の二月は寂しいねえ」と家人は慰めてくれた。

卯の花の咲く頃になると毎年思い出すことがある。先生宅（能古島）の玄関先には卯の花が咲く。或る年、先生のお宅での話。大隈言道の歌に卯の花がありますと私。卯の花にしとしとと小雨の降り注ぐある日の勉強会終了後、女性会員たちと県立図書館（福岡市東区箱崎）のドアに手をかけて、先生の一言「あっ忘れ物、一寸待って」と再び館内に急がれた。

出ていらっしゃった先生の腕の中には、何と一抱えもある卯の花の束。資料室に忘れたことになっていた卯の花。先生は小雨の降るこの日、能古島から花束を抱えて、姪浜を経て地下鉄で箱崎宮前まで、乗り物では人目を気になさらなかったのであろうか。資料室に預けた卯の花を、帰宅する女性会員たちにそっと分け与える。このようにいつも、何事にもお優しかった先生。

先生のお人柄にすっかり甘えておりました。本当に有難うございました。

またお目にかかれます時は、そちらでの楽しみを、半眼でにこにことお話くださると信じております。

高田茂廣先生と海・浦・史・詩

秀《ひで》村《むら》選《せん》三《ぞう》

もう何十年か前、木村秀明さんの紹介で福岡地方史談話会（研究会の前身）で高田先生が初めて能古島（残島）の報告をされた時、引用した古文書の読めなかったところは悪びれずに幾つも、ここは読めないと言われ、他方自分が浦で見聞きしたことでは堂々と自信をもって話されるので、この方は信頼のおける方だなというのが私の第一印象であった。

私の娘の五、六年生の時の担任で、家内が授業参観に行き、帰ってきて「私たちの小学校の頃の先生のようよ」と言うので「それはよかった」と二人で喜んだことであった。随分後のことだが、私の研究室で市民研究者の近藤典二・高田茂廣・能見安男・松崎武俊・安川巌・由比章佑氏、大学研究者の藤本隆士・武野要子・松下志朗・江藤彰彦氏と私で、研究会を続けたことがあり、方言丸出しの楽しい会であったが、誰かが私に「なぜ高田さんだけ高田先生と言わっしゃるとですか」と尋ねられたので、「そりゃ娘の先生ですもん」と答えたことがあった。あとで聞いたことだが先生は喜んでいられたそうである。もっとも娘の受け持ちの最初の頃は私が九大経済学部の者ということで、当時九大経済はマルクス主義の牙城だったので、「赤い先生だろう、用心しなければと思っていた」と私に言われたこともあった。家庭訪問で我が家にこられた時に、下人の売買文書の額を珍しそうに見られるので、家内が「主人は古文書ばかり読んでいます」と言ったそうで、後日先生は「古文書を学ぶのに良い人がいると思った」と言われたこともあった。

その後先生から誘われて私たち夫婦で能古島に行ったことがある。島の各地を案内されて、島をわが掌を指すようにご存じで、こちらの頭には一度には入りきれない内容であった。島の家々にも我が家同然にツカツカ入っていかれるので、私たちが一瞬途惑うほどであった。今でも家内は高田先生のことを話すと、その日の驚きを言うのが常である。

最初の『能古島物語』の出版祝いに出席した時、その日赤坂小学校にお勤めの時の校長の貝原種夫先生がこられていた。私の小学校の頃の受け持ちの先生で、私を物陰に呼んで「高田君に校長になれと言うても、言うこと聞かん。君からも言うてくれ」と言われたのに「ハァ」

と気のない返事をし「今のままの方が幸福じゃないでしょうか」と危うく言いそうであった。

果たせるかな、その後能古・唐泊・宮浦・今津・浜崎の五ケ浦を丹念に廻って廻船の古文書を発掘、研究され、とかく浦イクォール漁村という先入主を改めて、海上交通の要地としての浦の重要性を説かれた。廻船の行く先々の全国の港を訪ねて山陰・北陸・東北・北海道・瀬戸内海などで新史料を発見され、その間に小学校も退職されて福岡市立歴史資料館の嘱託をしながら研究に打ち込み、やがて『筑前五ケ浦廻船』を刊行された。海事史の専門家が全く気づいていなかった筑前の五ケ浦廻船を海上交通史、商品流通史の重要課題として位置づけられたのであった。おびただしい数の遭難船、遭難者の表を掲げて、その悲劇を弔い、遭難、漂流、苦難の末、八年後帰国した唐泊の孫七を偲んでボルネオまでも行かれたのも高田先生でなければと全く敬服したのである。

宮浦では廃棄寸前の「見聞略記」を発見し、間一髪で散逸して不揃いになるところを喰いとめ、十一冊の完全揃いで残され、十年近い歳月をかけて校註し、史料集として『見聞略記』を刊行された。しかも「宮浦にこれほどのものを書ける人がいる筈がない」と言った或る学者に反発して、多くの検証を重ねて著者を宮浦の津上悦五郎と確定されたことは、まことに高田先生の反骨心と民衆の底力を信じる心が躍如としている。激動の幕末・明治初期に宮浦にもたらされた全国のおびただしい情報の豊富さ、虚実まじえての面白さは全く驚くべきものであり、浦の重要性を大いに認識させられたのであった。

歴史資料館の学芸員としては塩屋勝利氏と名コンビで展示に工夫され、企画展をされたが、なかでも「近世筑前の海運展」は一人の人が一生或る一つのことに執念し探求すると、単なる一つでなく、いかに多彩な成果が稔るかを如実に感じさせる企画展であった。しかも著書としては『近世筑前海事史の研究』という大きな実をも結んだ。先生は「私の海事史研究は郷土史的立場からで、今後もこの立場を変えようとは思わない。むしろ誇りに似た気持ちで堅持しようと思う」と地域に固執して豊富な史料と見聞で実証する今後の「新しい地域史研究」を開拓され、何十年もの研究を蓄積した重厚な内容の本になっている。「多少論旨が薄れてもかまわない」と意識的に原文を資料として多用されたことには「五ケ浦廻船史料集」を出したいという悲願さえも感じ、おおいに共感を覚えるのである。

『福岡県史』編纂にも参加されて実に多くの寄与をされたが、とくに浦方は今まで手薄だった筑前東部の調査をされ、さらに筑前浦方の文書の校註と解題など全面的に編纂して頂くつもりであった。『近世史料編　福岡藩浦方㈠』には浦方の法令と箱崎浦の文書の半分を入れ、一緒に作業をしたが、先生の浦に関する知識は真に年季の入ったもので、とくに浦々で聞かれた言葉（文言）にはまったく敬服した。これから先生に最も活躍してもらわねばならないときに県史編纂が急に中断され、去年は先生も亡くなられたのは痛恨の至りであり、今後浦方の研究は誰が継承するのかと憂うるのみである。

先生は多くの市民に語りかけ、古文書の読みを多数指導され、ことに「朝鮮通信使を読む会」を主宰して多くの市民同志とともに『朝鮮通信使記録』十三巻を刊行されたことは全く敬服に値することであった。しかも決して高ぶらず、いたずらっぽく、人をひきつける魅力をもつ方であった。無邪気に自慢して舌をちょっぴり出されるのは可愛くもあり、「好きだな」と思うものであった。檀一雄さんを能古島に引きつけて親しく交わられたのも天衣無縫の先生だったからこそと思う。

先生の『浜辺の子供たち』は私の好きな本で、無心に浦を愛し、子供たちを愛した人でなければ書けない本で、多くの人々にお奨めしていたら、ある時「教育委員会ではよくない本になっていますよ」と注意され、愕然として改めて「現代とは」と考えさせられている。

先生が論文が書けないと悩まれていたときに、私が「先生は詩から出発されたのでしょう。歴史の史は詩ですよ」と言ったのを大変喜ばれたことがあった。幾つもの小学校の校歌を作詞されており、娘の卒業のときには子供たちに「先生は待っている」という詩を配られた。

先生の告別式の日、最後に先生の棺を載せた車を能古小学校の卒業生たちが校歌を合唱して見送ったのは、ほんとうに素晴らしいことであった。

最後の郷土史家

別府《べっぷ》大悟《だいご》

初めてお会いしたのは三十年前、当時赴任されていた北崎小学校（福岡市西区）の百周年記念誌の制作を担当した時だった。写真撮影のため一緒に校区内を回り、懇意にしている寺ではお茶請けとして出た「大徳寺納豆」を持ち帰りたいと追加所望するなどそのざっくばらんな性格と、渋い風貌に似合わずアルコールが駄目（けれどご存じのように煙草、それにコーヒーは手放すことがなかった）などということをすぐに知った。先生には既に

郵便はがき

料金受取人払郵便

福岡支店
承　認

420

差出有効期間
2011年10月12
日まで
（切手不要）

810-8790

171

福岡市中央区
長浜3丁目1番16号

海鳥社営業部 行

通信欄

通信用カード

このカードを，小社への通信または小社刊行書のご注文にご利用下さい。今後，新刊などのご案内をさせていただきます。ご記入いただいた個人情報は，ご注文をいただいた書籍の発送，お支払い確認などのご連絡及び小社の新刊案内をお送りするために利用し，その目的以外での利用はいたしません。

新刊案内を【希望する　希望しない】

〒　　　　☎　（　　）

ご住所

ご氏名《フリガナ》

（　　歳）

お買い上げの書店名

福岡地方史研究　48

関心をお持ちの分野

歴史，民俗，文学，教育，思想，旅行，自然，その他（　　　）

ご意見，ご感想

購入申込欄

小社出版物は，本状にて直接小社宛にご注文下さるか（郵便振替用紙同封の上直送いたします。送料：1冊210円，4冊もしくは5000円以上は無代），トーハン，日販，大阪屋，地方・小出版流通センターの取扱書ということで最寄りの書店にご注文下さい。

なお，小社ホームページでもご注文できます。http://www.kaichosha-f.co.jp

書名		冊
書名		冊

『能古島物語』、『筑前五ケ浦廻船』、『能古島から』の著書があり、郷土史研究においても知られていた。

　記念誌制作の合間、宮浦（同西区）の旧家が解体されトラックで運び出される寸前だった古文書類の中から、間一髪、個人の筆になる大部な記録を発見されその原稿化を進めている旨伺った。それは、「見聞略記」と題され、当地で荒物屋をしていた津上悦五郎が、一八四〇（天保十一）年から七一（明治四）年までの三十年間、政治・外交・軍事・経済・気象・天文・民俗など多種多様な見聞を記した和綴じ全十一冊であった。

　情報の洪水の中で溺れ漂うしかない我々と違って、この悦五郎という人は、「黒船」のことから全国各藩の動静、ええじゃないか騒ぎ、自家に闖入した泥棒との問答まで、的確に情報を選択し自己の言葉で冷静に記録した。

　四百字詰換算で千五百枚近くあっただろうその書き起こし原稿の出版を引き受け、校正を重ね、本の形になるまで、結果として八年かかった。その間私は、史料を校正するための前提として古文書解読を習い始め、さらに、別な出版社を立ち上げることになり、手放すわけにいかないことからその仕事自体を持って出た。

　校正期間中、先生一人では捗らないということで、私が週二回、能古島のお宅に出掛けて読み合わせ校正を行うことになった。数カ月通っただろうか、時間的に無理になってきたこともあって、新森良子さんに助勢をお願いすることにした。この助っ人は強力で、新森さんの〝馬力〟がなければ、『見聞略記――幕末筑前浦商人の記録』刊行まではさらに歳月を要したことだろう。

　船出したばかりの出版社において一冊の史料本にそこまで傾注することができたのは、宮浦という一地方の商人の記録が日本史レベルにおいても価値のある貴重な内容を持っていたこともさりながら、高田先生の人柄が大きく作用し、私は、ともかくこの人に付いて行こうと思った。どんな編集者にも〝初めての著者〟が現れるとすれば、私にとってそれは高田茂廣氏であった。

＊

　先生は、「縄跳びで小学生に勝てなくなったから」と、五十二歳で教職を辞し、福岡市立歴史資料館の嘱託となった。二足の草鞋から解放され、おそらく先生にとっては「人生最良」であっただろうその時期、資料館を訪ねる度に私は、近くの店で昼食をご馳走になりつつ様々なお話を伺った。まずは、先生にとって身近な人々との対話や論議、その顚末であり、そのお蔭で私には〝見知らぬ「旧知」の人〟が随分とできた。きっと誰しもが互いにそうだったろうという形で、先生は人と人とを繋いだ。

とりわけ先生が熱を込めて語られたのは、郷土筑前の浦とそこで暮らした人々についてであり、単に「浦＝漁村」ではなく、その仕事には漁業のみならず廻船や石炭の運搬、渡海船業などもあり、さらに福岡藩の浦の場合は玄界灘の防備と監視、長崎警備、朝鮮通信使の受け入れに関わるものなど、全国的に見ても重要な役割を抱えていたという内容であった。

先生がなされたお仕事の中心は、やはり「五ケ浦廻船」の発見だろう。博多周辺は中世から対外貿易で栄え、十七世紀の半ば頃には今津・浜崎・宮浦・唐泊・残島という「筑前五ケ浦」が、藩米を江戸・大坂へと輸送する廻船業で大活躍した。そしてそれが、度重なる遭難事故を第一の理由として没落してゆき、明治期の初めには海運世界から完全に姿を消すことになる。

人の世の栄華盛衰、そしてその残照――。「五ケ浦廻船」の根拠地の幾つかは、小学校教師として進んで「僻地校」を志願してきたと自ら言われる先生がまさに赴任してきた地域であった。そのあたりに高田先生の、後半生におけるロマンティシズムの在処が窺える。教師時代、子供たちから「泣き虫先生」と呼ばれたらしいが、その熱情とセンチメンタリズムに外連味《けれん》はなく、周りの人間を巻き込んでしまう茶目っ気に溢れた哄笑には、単に年月や経験では追いつけないものがあった。

誰に対しても遠慮も分け隔てもされなかったが、かつての教え子に対する想いだけは特別で、度々話に出てくる面識のない人々に私は嫉妬した。「我田引水ではいけないが、郷土史家と言われることに誇りを持ちたい」と言われ続けてきた先生にとって、一番の読者は教え子たちだったろう。教壇を去り海事史を中心とする歴史研究者となった後も、先生の視線の先にはいつも、「歴史」と「誇り」を語り伝える対象として教え子たち、そしてその地に根付いて暮らす人々がいた。そうした意味で、高田茂廣氏は最後の〝郷土史家〟ではなかったか。

＊

幸いなことに、先生のお仕事の全体像は、ご本人の手で『玄界灘に生きた人々――廻船・遭難・浦の暮らし』に簡潔にまとめられた。人は皆、二度死を迎える。一度目は自己の死、二度目はその人を知っている人の死。今の私にとりあえずできるのは、その思い出の一端を記すことしかない。逝かれたのは九月十一日。その八年前（二〇〇一）の同日、あの米国における事件は「〝何かの終わり〟の始まり」を告げるものだった。そして私たちは未だ果ての見えない〝終わりの始まり〟の只中にあるが、それでもなお、日々――「黒の舟歌」のように――

舟を漕ぎ出すしかない。今でも次々と新しい命が育っているのであり、そうした子供たちの未来のためにも、大人こそが「遊びの達人」でなければならない――と、『浜辺の子供たち――学校が遊び場だったころ』に込められたメッセージはそういうことだったように思う。

わが忘れえぬ　高田茂廣先生

力《りき》武《たけ》豊《とよ》隆《たか》

私は学校教師が嫌いだ。人を類型化し、したがって言うことは型どおりで、通りいっぺんだからだ。むろん自分の体験からきている。この私の教師観からかけ離れた人、それが高田先生だった。

初めて先生に会ったのは、平成元年の秋だった。当時私は博多市民センターで図書室（蔵書約五万冊）を担当していた。読書週間が近づいた頃、文学好きの同僚が地元作家のミニ作品展をやろうと持ちかけてきた。故檀一雄さんの色紙を高田茂廣という人が持っているので拝借しようと言う。彼に同行して福岡市立歴史資料館（現福岡市文学館）に行った。先生は小学校教師を早期退職後、ここで嘱託をされていた。事前に連絡していたにもかかわらず、あわてた様子で雑多な書類の詰まっていそうな事務机の引き出しをひっくり返して捜され始めた。しばらくして、「あった、あった！」と言って、こともなげにその色紙を渡された。案外無頓着な人だなあというのが第一印象だった。この人が、あのすごい本を出した人かと思った。すごい本とは『見聞略記』（海鳥社刊）のことだ。先生が翻刻校註された筑前幕末史料である。私はこの本に注目していた。

出会いはこれだけのことだった。その二年後、私はひょんなことから古文書入門講座の講師を先生に依頼することになる。平成三年二月、センターの同僚らは新年度の事業企画に頭をひねっていた。しかし図書室は市民図書館の分館的存在で、半ば独立している。図書室担当の私は素知らぬ顔でいた。ところがある日突然、図書室でも何か企画してくれと要請された。困った私はとっさに「古文書入門講座をやる」と答えた。

後で聞けば、館長以下同僚らは反対はしないまでも消極的だったらしい。そんな難しいものより、史跡めぐりのようなものが良いのではないかというような意見だったようだ。ある同僚は「そんなムツカシイ講座に人は集まらんバイ」と冷淡だった。

先生以外に講師の当てのない私は、四月四日電話で打診した。二つ返事でOKだった。「ただし初心者ばかり集めてくれんかネェ～」と言われた。古文書に初級とか上級とかあるのか？と不思議に思ったものだ。ちっとも飾らないザックバランさだった。まるで昔からの友達に対するような親しみがあった。先生六十三歳、私三十九歳。いっぺんで先生が好きになった。

私は意地でもこの講座を成功させなければならなかった。でないと、「そら見たことか」と陰口をたたかれるにきまっている。せめて二十人位は集めないと面目が立たないと思っていた。

ところが、そんな心配はどこへやら、受講応募者はあれよあれよという間に百人を突破した！　私はびっくりした。私以上に驚いたのは、むろん館長以下同僚たちだ。そんな多人数を容れる会場がない。先生に連絡すると、曰く「午前と午後に分けようや」。なるほど！　そこで急いで会場を午前・午後とも確保し、応募者には片っ端から電話をかけまくり、事情を告げて、午前の部と午後の部に分かれてもらった。

こうして、平成三年十月から博多市民センター図書室主催の古文書入門講座（月二回、全十二回）が始まった。私も初めて古文書を学んだ。予想通り先生の講義は大好評だった。ちっとも偉ぶるところがなく、ザックバランだった。私が何の抵抗感もなく、スーッと古文書に馴染んでいったのは、まったく先生のおかげだと思っている。これが小難しい大先生（！）だったなら、そうはいかなかったかもしれない。

講座も中盤に入った年末、「こんど仕事するけん、アンタもかたらんネ」と誘われた。「仕事」とは福岡地方史研究会の付帯事業として、有志の会員に呼びかけ、県立図書館蔵黒田家文書の内、「朝鮮通信使文書」の翻刻作業に着手するということだった。かなりの分量で、一年や二年では到底終わらない大事業だ。

明けて平成四年正月十三日、県立図書館三階の会議室で、初顔合わせがあった。博多市民センターの入門講座からも十人近い参加があった。自動的に福岡地方史研究会の会員となった。この史料は逐次翻刻され、八年余をかけて全十三巻が完成。国内の大学はむろん、ハーバード大学も購入したという。東洋史の貴重な新史料として注目されたのだ。その功績に対し、平成十三年二月、第八回福岡県文化賞が授与された。

私は筑前藩幕末維新史に専念するため、一年ほどで後任に土生博文さんを推薦して、中退させてもらった。ある時、先生が「平野国臣は、おっちょこちょいやったっちゃろ？」と言われた。その表現がいかにも先生らしく、思わず笑ってしまったことを覚えている。

平成六年春、私は福岡市民図書館（福岡市総合図書館の前身）に転任した。ある日の昼休み、二階の福岡部落史研究会の事務室で、先生と竹森健二郎さんらとテーブルを囲んで談笑していた時のことだ。タバコに火を付けようとした先生が、急に「あれ？　ライターが無い」と言い出した。テーブルの上に散らばる史料や本などを動かすとスグに出てきた。「このライターはなくすわけにはいかんちゃ！」と言われた。聞けば、教師時代、卒業するある男の子からプレゼントされたものだという。小学生にしては高価なものだったので、不審を抱かれ、「お前、お金はどげんしたとか？」と詰問したという。

最後に先生はこう付け加えられた。「誰からも誉められたことがなかったたっちゃろネェ……」。その瞬間！先生への私の好意は、尊敬へと変わった。

この話を思い出すと、いまも感涙を禁じ得ない。おそらくは劣等生であったであろうその教え子を、先生は折にふれて激励されていたにちがいないのだ。

このような人こそが、教師の名に価する。吉田松陰がまさにそうであったように、教育者たる者の本領はかくこそあらねばならない。それは研修なんかで獲得されはしない。天性のものだと思う。

平成十二年春、私は市総合図書館の早良分館に転任した。ある日、ひょっこり館に訪ねて来られた。百道浜の総合図書館からの帰りだったようで、「昼飯、食おうや」と誘われ、美味で知られる藤崎のうどん屋に入った。その店とは馴染みのようだった。帰り際、店主に「まずいけん、残すっちゃないけんネ！」と声をかけられた。胃の手術をされた後であった。ドンブリには半分近い麺が残されていた。

それから数年後のある夜、自宅に電話があった。あいにく気持が沈んでいた時で、生気のない私の応対ぶりに気づかれてか、「元気しとるとネ？」と言われた。私は「うーん、あんまりですね」とか何とか答えた。すると一言、「フーン、おれは死にかけよるバイ」と言われた。（元気がないくらいなんか！　しっかりせい！）と激励されたように感じた。すでに病気の進行を自覚されていたのだ。

○

先生との出会いによって、私の生活は一変した。歴史書を漫然と読み流すそれまでの生活は、史料にもとづき自分の頭で考える生活へと変わった。

もし高田先生と出会わなかったならば、人生を手中にすることはできなかったように思われてならない。

【特別収録】＊『親不孝通りの迷宮――勝手にしやがれ伝説』（海鳥社、一九九〇年）より再掲

若者もまた去るのか

高田《たかた》茂《しげ》廣《ひろ》

　都会の真ん中に小さく栄えた若者の街が大きく変貌していくのは、現在の日本の状態では極めて当然のことである。たかだか二階建てか三階建ての古い家を何とか塗り立てて何とも懐かしい雰囲気を醸し出し、そこに多くの若者が屯したとしても、やや静かな雰囲気の十階建てや二十階建てのビルの経済性には太刀打ち出来るものではあるまい。

　多くの若者が青春を謳歌したここ親不孝通りや天神横丁は、四百年前までは博多に隣した寂しい海辺の寒村であった。そこへ鴻臚館の跡へ引っ越してきた黒田の殿さんが城下町を作った。大名町から天《てん》神町《じんのちょう》にかけては重役たちの屋敷が建ち並び、そこから北の海に近い辺り、つまり親不孝通りの辺りには町人の街が出来た。庶民の街の歴史の始まりである。この町人の街には親不孝の若者が続々と輩出し営々と三百年の歴史を刻んだ。

　昭和のはじめ、私の知るそこは小さな路地に格子戸の家がひしめきあう街であった。小さいなりに風格のある街であった。美しく磨かれた格子戸が光る街であった。狭い路地には各家の人によって水がまかれていて清潔であった。近くの天神町の四つ角付近には岩田屋や松屋の八階建てのデパートが出来て、まだ小学校に入学もしていない私は親父に連れられてどちらかのデパートのエレベーターに乗り、食堂で生まれてはじめてのゼリーを食べた。これも生まれてはじめてのフォークを垂直に刺したものの、ゼリーを口まで運ぶことが不可能なのである。やはり、格子戸の街の居酒屋で、親父は酒を、私は破れ饅頭か何かをといった構図の方が似合っていると思ったものだった。

　戦争が始まった。昭和通りの辺りが空襲の災害を避けるためとして強制的に立ち退かされ今の道が出来た。それでも空襲で残った家の多くが焼け、道から港のマストが見えた。私の恩師の一人も命を落とされた。

戦後の復興がどのようにして為されたかは、不思議なことにあまり記憶にない。きっと、同じように焼けた我が家の飢餓生活の故であろう。

思い出にあるのは音楽喫茶とか軍歌酒場とかいった裏町あるいは横丁の風景である。ビルなどが次から次へと建っていくなかで、ここだけが何時までたっても庶民の街であった。栗原一登さん（劇作家。女優栗原小巻さんの父君）なんかと飲み屋をハシゴしたのは昭和三十年代のことだったのだろう。

いつの間にか「親不孝通り」などという自嘲的な名が冠せられたが、これはこの街の雰囲気と合致するものであった。どう頑張っても一流にはなれない、あるいはなることを拒否した者の哀歓の街である。ときには一流がやって来て、一流であることの汚れを落とすのに似合った街であった。ときたま福岡へやって来た檀太郎君（作家檀一雄の長男、CFプロデューサー）などと街でばったり出会うと、彼は必ずと言っていいほどこの街のどこかの店へ私を引き込んだ。概して美しくない店が中心であったが、「勝手にしやがれ」もその店の一つであり、すでに酒と絶縁状態にあった私の旧懐を楽しませてくれた。

最近では海鳥社の別府君などが私の好みを知っていて、月に一、二度、この街のどこかの店へ私を連れていってくれる。気が和むのは仲間のせいではなくて街の雰囲気のせいなのだろうか。

最近、息子たちも頻りとこの街に出入りしているのだそうである。親だから息子たちを客観的に観ることは出来ないが、三十前後の息子たちであってみれば、きっと健全なのであろう。

行きつけの天麩羅屋の主人が、

「五月いっぱいで閉店します。お世話になりました」

と寂しそうに言った。

「勝手にしやがれ」も同じように閉店するのだそうである。その理由が「じあげ」によるのであれば、演歌の世界の感傷に浸るまえにひとこと言いたくなるのは私だけではなかろう。

何時まで経っても庶民の街であってほしい。巨大な金が作る「バベルの塔」は庶民とは結局のところ無縁であろう。四百年前、この街を作った名もない人たちに替わってひとこと。

「カッテニシヤガレ」

高田茂廣氏主要著作目録

（石《いし》瀧《たき》豊《とよ》美《み》作成）

▼単著

『能古島物語』能古歴史研究会、一九七一年
『筑前五ヶ浦廻船』西日本新聞社、一九七六年
『能古島から』西日本新聞社、一九七七年
『能古島の歴史』私家版、一九八五年
『浜辺の子供たち――学校が遊び場だったころ』海鳥社、一九八七年
『近世筑前海事史の研究』文献出版、一九九三年
『玄界灘に生きた人々――廻船・遭難・浦の暮らし』海鳥社、一九九八年

▼共著・編著（など、単行本収録分）

【Ⅰ】ふくおか歴史散歩

＊昭和四十七（一九七二）年から福岡市発行「市政だより」に、複数筆者による「ふくおか歴史散歩」の連載始まる。高田氏は数多く分担執筆している。連載百回分ごとにまとめた『ふくおか歴史散歩』第一巻から第五巻までの記事を初めに拾っておくことにする（第六巻は該当なし）。

『ふくおか歴史散歩』第一巻、福岡市市長室広報課編、福岡市、一九七七年
「也良崎に防人がいた」、「能巨島牛牧――牧の神」、「日本中で大活躍――五ヶ浦廻船（一）」、「孫七、ルソンへ漂流――五ヶ浦廻船（二）」、「外国船を救助――五ヶ浦廻船（三）」、「能古島は鹿狩り場――最盛期には六百頭も」
『ふくおか歴史散歩』第二巻、福岡市市長室広報課編、福岡市、一九八二年
「能古島物語――伝説に包まれた北浦城」、「五ヶ浦廻船――御城米と御廻米」
『ふくおか歴史散歩』第三巻、福岡市市長室広報課編、福岡市、一九八七年
「五ヶ浦廻船――虎吉丸と虎幸丸が幕末期に活躍」、「西海捕鯨騒動記――流れクジラは二千万円」
『ふくおか歴史散歩』第四巻、福岡市市長室広報課編、福岡市、一九九一年
「小呂島の遠見番所――任務は海上監視など」、「姪浜塩――味濃く物漬けて色変せず」、「玄界灘は鮑の宝庫――志賀島・弘浦の話」、「勝馬の灯籠堂――博多湾入り口の目印」、「幻の能古焼――二百年の眠りから覚める」、「志賀島の真珠――万葉集にも歌われる」、「『雨ごい』事件――雨を降らせすぎた男」、「玄界灘の海賊――船を襲い積

荷奪う」、「一郡一村だった席田村——昭和8年に市に編入」、「馬の多い村、牛の多い村——地理で異なった牛馬の数」、「北崎の盆綱引き——西浦と草場に残る」、「盆相撲とヒョウカリーライ——西浦で安全願う祭り」

『ふくおか歴史散歩』第五巻、福岡市市長室広報課編、福岡市、一九九六年

「海上交通の要衝・小呂島——領有争いの対象に」、「石釜の十六羅漢——福岡で数少ない磨崖仏」、「志賀島・弘浦——遭難外国船も救助」、「博多湾に咸臨丸——斉溥の招きで入港」、「最後のキリシタン弾圧——西公園近くに一時収容」、「明治三十一年の糸島地震——五日間も揺れ大被害」

【Ⅱ】学校史

『北崎小学校百年誌』（分担執筆）福岡市立北崎小学校、一九八〇年

『能古小学校百年誌』（分担執筆）能古小学校創立百周年記念会、一九八五年

【Ⅲ】県史・町史

『福岡県史 近世史料編 福岡藩浦方㈠』（編集分担）西日本文化協会編、福岡県、一九九八年

『福岡県史 通史編 福岡藩㈠』（執筆分担）西日本文化協会編、福岡県、一九九八年

『福岡県史 通史編 福岡藩㈡』（執筆分担）西日本文化協会編、福岡県、二〇〇二年

『津屋崎町史 資料編 上巻』津屋崎町史編集委員会編、津屋崎町、一九九六年 ＊「近世」を分担

『津屋崎町史 通史編』津屋崎町史編集委員会編、津屋崎町、一九九九年 ＊「近世」を分担

『福間町史 資料編（三）今林家文書』福間町史編集委員会編、福間町、一九九七年 ＊編纂を担当

『福間町史 資料編（一）中世・近世・近代・現代』福間町史編集委員会編、福間町、一九九九年 ＊「近世」を分担

『福間町史 通史編』福間町史編集委員会編、福間町、二〇〇〇年 ＊第五編近世の内、「第三章 福間浦」を執筆

【Ⅳ】その他

『福岡県百科事典』上・下巻、西日本新聞社福岡県百科事典刊行本部編、西日本新聞、一九八二年 ＊執筆項目名省略

「廻船浦としての宮浦の実態について」（『福岡県史 近世研究編 福岡藩㈡』西日本文化協会編、福岡県、一九八三年）

『筑前福岡郷土史メモ』安川巖著、高田茂廣編、福岡地方史研究会、一九八四年

「志賀島」（特設展図録『「漢委奴国王」金印展 金印発見二百年』福岡市立歴史資料館図録第九集、福岡市立歴史資料館編・発行、一九八四年）

『七隈郷土誌』高田茂廣編、七隈郷土史研究会、一九八六年

「筑前五ケ浦廻船の海外への漂流」（『西南地域の史的展開 近世篇』西南地域史研究会編、思文閣出版、一九八八年）

「近世における浦の実態について」（『福岡県史 近世研究編 福岡藩㈣』西日本文化協会編、福岡県、一九八九年）

「近世から垣間見る古代筑前の浦」（『海人シンポジウム　日本民族文化のルーツを求めて』「海人」シンポジウム実行委員会編・発行、一九八九年）
『見聞略記――幕末筑前浦商人の記録』津上悦五郎著、高田茂廣校註、海鳥社、一九八九年
「若者もまた去るのか」（東靖晋・桝屋治・斎木精一編『親不孝通りの迷宮――勝手にしやがれ伝説』海鳥社、一九九〇年）＊本誌140ページに再掲
『福岡歴史探検　①近世福岡』福岡地方史研究会編、海鳥社、一九九一年
＊執筆項目＝「野村望東尼の姫島脱出」、「全国の廻船を支配した筑前屋作右衛門」、「浦の暮し」、「小呂島の村づくり」、「流人の島」、「鮑の宝庫・玄界灘と筑前の蜑」、「志賀の海士の塩焼く煙」、「浦の火事」、「鯨捕りの話」、「ヒョウカリイライ――浦の祭り」、「五ケ浦廻船」、「六人の命を奪った、津屋崎・勝浦の漁区争い」、「ルソンからの帰国――伊豆三之介の偽証事件」、「孫七漂流記」、「周防大津島の十人墓――残島船の遭難」、「船を乗っ取った男たち」、「四〇〇人が犠牲となった、今津の干拓」、「玄界灘の外国船」
『能古島事典　能古島探健《ママ》ガイドブック』高田茂廣監修、のこのしまアイランドパーク、一九九一年
「近世からみた古代筑前の浦」（『古代海人の謎――宗像シンポジウム』田村圓澄編、海鳥社、一九九一年）

「近世筑前の海運」（『日本水上交通史論集』第五巻〔九州水上交通史〕柚木学編、文献出版、一九九三年）
『福岡藩朝鮮通信使記録』第一（一九九三年）～一三巻（二〇〇〇年）、福岡地方史研究会古文書を読む会（代表高田茂廣）編、福岡地方史研究会
・「解題　『福岡藩朝鮮通信使記録全十三巻』」（第一三巻所収）
「近世の志賀島」（『金印研究論文集成』大谷光男編、新人物往来社、一九九四年）
『福岡歴史探検　②近世に生きる女たち』福岡地方史研究会編、海鳥社、一九九五年
＊執筆項目＝「浦の女たち」、「女の事件簿」
「浦商人が見た幕末期の北部九州における海事事情」（『日本海事史の諸問題　海運編』石井謙治編、文献出版、一九九五年）
「筑前船の道」（『ふくおか歴史の道――福史連30周年記念論文集』福岡県地方史研究連絡協議会編・発行、一九九八年）
「編集後記」（『福岡藩分限帳集成』福岡地方史研究会編、海鳥社、一九九九年）
「序文　解題も兼ねて」（『福岡藩浦記録』福岡市西区「西区古文書を読む会」（代表高田茂廣）編、福岡市西区地域振興事業推進委員会、二〇〇一年）
『エリア別全域ガイド　福岡市歴史散策』福岡地方史研究会編、

海鳥社、二〇〇五年　＊執筆項目名省略
「序」（『福岡藩無足組 安見家三代記』福岡地方史研究会 古文書を読む会〔代表高田茂廣〕編、海鳥社、二〇〇八年）

▼論文・コラムなど

「北陸と五ケ浦廻船」（『福岡地方史談話会会報』第一五号、福岡地方史談話会、一九七五年）
「筑前下浦の浦大庄屋の系譜」（『福岡地方史談話会会報』第一七号、福岡地方史談話会、一九七七年）
「北海道における筑前船の行動について」（『福岡地方史談話会会報』第一九号、福岡地方史談話会、一九八〇年）
「博多湾封鎖」（『県史だより』第二号、西日本文化協会／福岡県地域史研究所編・発行、一九八一年一〇月）
「西照寺過去帳をめぐって」（『福岡地方史研究会会報』第二〇号、福岡地方史研究会、一九八一年）　＊福岡地方史談話会が福岡地方史研究会と改称
「山崎文書と箱崎浦」（『福岡市立歴史資料館研究報告』第六集、福岡市立歴史資料館、一九八二年）
「蜑の浦弘について」（『地方史ふくおか』第四六号、福岡県地方史研究連絡協議会、一九八四年三月）
「浜崎浦善右衛門のルソン島漂着事件について」（『福岡市立歴史資料館研究報告』第七集、福岡市立歴史資料館、一九八三年）
「弘の海士」（『西日本文化』第二〇三号、西日本文化協会、一九八四年七月）
「金印発見について　200年展に際して」（『県史だより』第二〇号、西日本文化協会／福岡県地域史研究所編・発行、一九八四年七月）
「浦島太郎と近世筑前における遭難と漂流」（『Museum Kyushu』第一四号、博物館等建設推進九州会議、一九八四年一〇月）
「蜑の浦〝弘浦〟と松田文書」（『福岡市立歴史資料館研究報告』第八集、福岡市立歴史資料館、一九八四年）
「近世の志賀島――金印問題を中心にして」（『福岡市立歴史資料館研究報告』第九集、福岡市立歴史資料館、一九八五年）
「資料紹介　博多湾とその周辺における近世浦方資料」（『地方史ふくおか』第五三号、福岡県地方史研究連絡協議会、一九八六年一月）
「玄界灘犯科帳（一）田野村殺人未遂事件」（『西日本文化』第二二三号、西日本文化協会、一九八六年七月）
「筑前蜑の系譜」（『福岡地方史研究会会報』第二五号、福岡地方史研究会、一九八六年）
「筑前蜑の系譜」（『福岡市立歴史資料館研究報告』第一〇集、福岡市立歴史資料館、一九八六年
「浦方賛歌」（『県史だより』第三五号、西日本文化協会／福岡県地域史研究所編・発行、一九八七年一月）
「〔資料紹介〕『見聞略記』」（『地方史ふくおか』第五九号、福

岡県地方史研究連絡協議会、一九八七年七月）
「玄界灘犯科帳(二) 海藻盗み取り事件」（『西日本文化』第二二九号、西日本文化協会、一九八七年五月）
「史料紹介 日吉神社の奉納発句」（『部落解放史・ふくおか』第四六号、福岡部落史研究会、一九八七年六月）
「玄界灘犯科帳(三) 博多の海賊」（『西日本文化』第二三六号、西日本文化協会、一九八七年一二月）
「玄界島の流人と文学」（『福岡市立歴史資料館研究報告』第一一集、福岡市立歴史資料館、一九八七年）
「筑前島名考」（「県史だより」第四三号、西日本文化協会／福岡県地域史研究所編・発行、一九八八年三月）
「玄界灘犯科帳(四) 福岡藩の流人と野村望東尼の姫島脱出」（『西日本文化』第二四〇号、西日本文化協会、一九八八年四月）
「筑前の島と浦の地名雑考」（『西日本文化』第二四七号、西日本文化協会、一九八八年一二月）
「西海捕鯨遺文」（『福岡市立歴史資料館研究報告』第一二集、福岡市立歴史資料館、一九八八年）
「『見聞略記』の世界」（『福岡地方史研究会会報』第二七号、福岡地方史研究会、一九八八年）
「筑前五ケ浦廻船の諸記録」（『福岡市立歴史資料館研究報告』第一三集、福岡市立歴史資料館、一九八九年）
「海の民の祈り――唐泊大歳神社の絵馬」（『西日本文化』第二五八号、西日本文化協会、一九九〇年一月）
「浦庄屋資料としての柴田文書」（『福岡市立歴史資料館研究報告』第一四集、福岡市立歴史資料館、一九九〇年）
「『福岡藩朝鮮通信使記録』の翻刻について」（『地方史ふくおか』第八八号、福岡県地方史研究連絡協議会、一九九四年八月）
「浦の社会」（『西南地域史研究』第九輯、文献出版、一九九四年）
「宗像郡内における町史編纂と古文書発掘――海事史を中心として」（『地方史ふくおか』第九六号、福岡県地方史研究連絡協議会、一九九六年一〇月）
「朝鮮通信使と福岡藩の領民」（『西南地域史研究』第一一輯〔特集 福岡藩の研究（4）〕文献出版、一九九六年）
＊『福岡地方史研究会会報』第二四号（福岡地方史研究会、一九八五年）から『福岡地方史研究』第三四号（同、一九九六年）まで編集人。

▼関連記事

重久幸子「明治初期における旧福岡藩の馬乗附属森本金生について――高田茂廣収集資料（早良郡姪浜村文書）の理解と整理のために」（『福岡市総合図書館研究紀要』第九号、福岡市総合図書館、二〇〇九年）

安見一彦さんを悼む

横《よこ》田《た》武《たけ》子《こ》

一月四日未明に、古文書を読む会のメンバーだった安見一彦さんが逝去、享年六十七という早過ぎる死でした。

安見さんは昭和十七年に満州で生まれ、戦後引き上げたのち、満鉄社員であった父一夫氏を亡くし、お母様が女手ひとつで苦労して育てられたそうです。その分母親への思いも深く、東京でカメラ・メーカーに勤務後、早期退職して帰郷、近年はお母様の看病を続けていました。

安見さんが古文書を読む会に入ったのは十年余り前、会で安見家文書を解読していることを知ってのことでした。安見さんに、福岡藩初期の地誌「筑陽記」を書いた安見有定始めご先祖のことをいろいろお聞きしたのですが、長年東京暮らしで、安見家に古文書があることはご存じでも、その内容までは知らなかったようです。やがて他家の文書で有定が安見正左衛門の隠居名であることが判明し、しかも分家である安見家に誰と分からないままに有定の御位牌が伝えられていました。

安見正左衛門の三男善太夫徳直を初代として、二代目の安見鼎臣《ていしん》弼《たすく》書「黒田家譜早鑑《はやかがみ》」などの序文には、豊かな生活を送る子孫に先代の苦労を伝える、と編集の目的を記しています。その九代目にあたる安見さんには、これらを次世代に繋げていく責任がある、と我々は話し合っていました。それだけに『安見家三代記』の刊行を喜び、これを誰もが読めるように現代文に改めることをこれからの仕事にすると、安見さんは決めていました。

その矢先に癌が発覚、しかも転移していて手術ができないことが分かりました。一年前のことです。それで安見さんから、「黒田家譜早鑑」を刊行して研究者に贈ってほしい旨の要望がメールで届きました。安見さんとは四月末までに編集後記を書く約束をしたのですが、それも叶わず、結局昨年十一月末に出版となりました。

安見さんは、十月末までは勉強会に出てきて安見鼎臣弼編集の「黒田家古老物語」を一緒に読んでいました。翌十一月二十日に、体調が悪くしばらく休むとのメールが届き、それが最後でした。本人としてはきっとこれからやりたいことも多かったはずで、悔しかったと思います。会に出席しても相当苦しかったでしょうに、そうしたそぶりは見せず、最後までがんばりました。

『安見家三代記』刊行祝賀会にて。後列右端が安見一彦氏（2008年３月21日）

『黒田家譜早鑑』刊行は安見さんの存命中に、なんとか間に合いました。安見家の記録を世に出したことで、「あの世で先祖に対して申し開きができる」と語ったことが忘れられません。安見家文書は支配層の記録ではありませんが、下級藩士として勤勉に生きた家系の証であり、その足跡二五〇点余りの史料はご遺族にお願いして県立図書館に寄贈して戴きました。

今後、四代目の幕末から明治十（一八七七）年頃までの日記、嘉永五（一八五二）・六年の江戸詰めの様子を記した書状、明治末から大正時代に看護婦として大連に赴任した安見初の日記など、多くの文書が若い研究者に受け継がれることを願っています。それが思いを残して去った安見さんの遺志でもあります。安見家の先祖代々の御位牌は金竜寺に納められました。安見さんのご冥福をお祈りします。

会員の本の紹介

▷有馬学著『わが報告書・研究と教育　短い旅の途中で』（非売品）有馬学先生退職記念事業会，2009年３月

▷大神英一他訳，サンドラ・ヘンペル著『医学探偵ジョン・スノウ　コレラとブロード・ストリートの井戸の謎』日本評論社，2009年７月

▷宮崎克則・福岡アーカイブ研究会編『ケンペルやシーボルトたちが見た九州，そしてニッポン』海鳥社，2009年８月［会員からは他に海老原温子・鷺山智英・酒見辰三郎・原三枝子・森弘子・矢野健太郎が執筆に参加］

▷福岡県の城郭刊行会編編『福岡県の城郭―戦国城郭を行く』銀山書房，2009年10月［会員からは副島邦弘・中西義昌・福島日出海が執筆に参加。銀山書房は会員首藤卓茂（古書店かぼちゃ堂）が経営］

▷安藤政明他（共著）『労働判例に学ぶ中小企業の労務管理～労働紛争，モメてからでは遅すぎる！』労働新聞社，2009年10月

▷石瀧豊美著『近代福岡の歴史と人物――異・偉人伝』イシタキ人権学研究所，2009年11月

▷福岡地方史研究会古文書を読む会編・発行『黒田家譜早鑑――安見鼎臣弼集録』2009年11月

▷三苫鐵兒先生追悼・遺稿集編集委員会編『星と夢の記憶　三苫鐵兒追悼・遺稿集』2010年２月［三苫氏は戦前の作家夢野久作の次男で，もと本会会員です。会員からは石瀧豊美・首藤卓茂・秀村選三・森山沾一が執筆に参加］

▷荻野喜弘編『近代日本のエネルギーと企業活動――北部九州地域を中心として』日本経済評論社，2010年３月［会員からは荻野喜弘・時里奉明が執筆に参加］

松岡博和著『茶の湯と筑前――利休らの足跡と「南方録」の系譜』海鳥社，2010年４月

▷石瀧豊美監修『（保存版）宗像・福津・古賀の今昔』郷土出版社，2010年６月［会員からは楠本正が執筆に参加］

＊掲載したのは2009年３月以降の発行（ただし，前号紹介のものを除く）で，事務局が把握している分に限ります。会員名のみを掲載しています（敬称略）。

古文書入門講座 その一

借用証文

鷺《さぎ》山《やま》智《とも》英《ひで》

今号より、古文書を読んでみたいという方のために誌上入門講座を始めます。

もちろん古文書を習得するためには、図書館などが主催する講座や、地域の歴史愛好家が集まっている古文書を読む会などに参加されるのが一番良いと思いますが、その時間や機会がない方はこの講座をご利用ください。

このコーナーで紹介する古文書は江戸時代に書かれたものとします。まずは、借用証文。

借用証文はほぼ定型の文言であるので、初心者にはくずし字を読む練習に随分と勝手がよいものです。なぜなら、書き手が違えばそれぞれにくずし方なども違うけれども、内容がほぼ同じなので文言が推測しやすいという利点があります。くずし字を読む練習には最適です。

借用証文の内容としては次のように整理できます。

①借りる金額
②利息（書かれていない場合もある）
③借りる理由（書かれていない場合もある）
④返済期限
⑤返済できなかった場合のこと
⑥借主の名前
⑦保証人の名前（受人・請人）
⑧日付（年月日）
⑨宛名（貸し手の名前）
＊借用金額を書いた所に印鑑を二カ所捺す。

【例題＝150ページ写真】（水城泰年氏所蔵文書より、協力・筑紫野市立歴史博物館ふるさと館）

●解読文（常用漢字に改めています）

借用仕銭之事
一六拾文銭㊞①七百三拾目㊞②但利壱割五歩
右之銭借用仕候処相違無御座候
然上ハ来亥暮元利無滞相払
③可申候　若少ニても不納仕候ハヽ④、我等抱田
之内前田書入仕置御勝手次第ニ御
⑤取可被成候　為後日証文一筆如件
借主　貞右衛門㊞

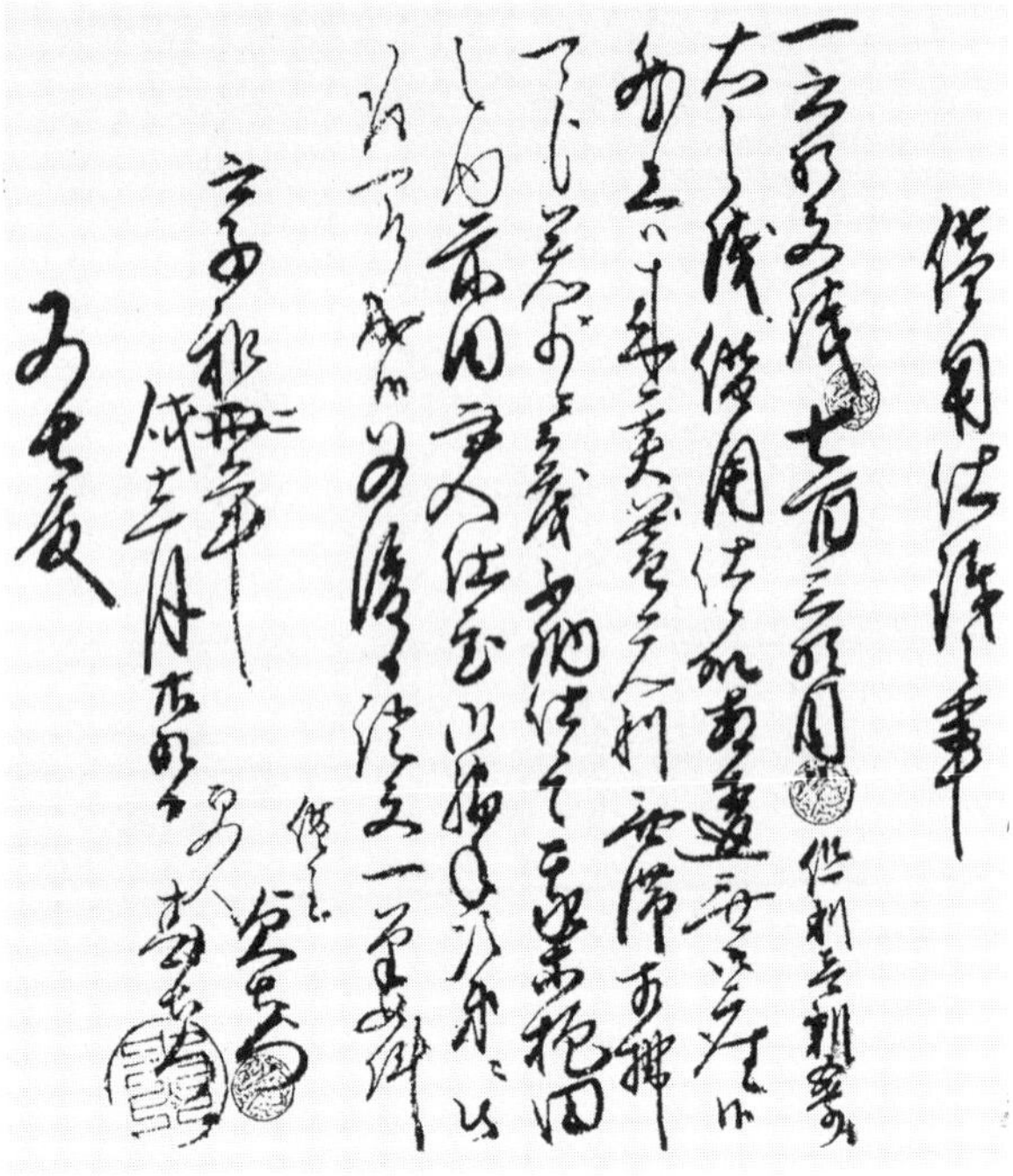

水城泰年氏所蔵文書より

享和二年　　　　受人　甚左衛門㊞
戌十二月廿九日
又七殿

●読み下し文

借用つかまつる銭の事
一六十文銭　七百三十目　但し利一割五歩
右の銭借用つかまつり候ところ相違ござなく候、然る上は来亥暮れ、元利滞りなく相払い申すべく候、若し少しにても不納つかまりそうらわば、我ら抱え田地の内、前田書き入れつかまつり置き、ご勝手次第にお取りならるべく候、後日のため証文一筆、如件《くだんのごとし》

享和二年戌十二月廿九日　借主　貞右衛門㊞
　　　　　　　　　　　　受人　甚左衛門㊞
又七殿

●ここがポイント――「候」

古文書は「候文」で書かれています。文の最後は「候」がほとんどです。この「候」のくずし字はいろいろな形になります。まず史料を見てください。

① 　仕候処（つかまつりそうろうところ）
② 　無御座候（ござなくそうろう）
③ 　可申候（もうすべくそうろう）
④ 　候ハヽ（そうらわば）
⑤ 　可被成候（ならるべくそうろう）

②・⑤の候は同じくずし字です。この形は古文書を翻刻した史料集の中で作字して使われています。
①・③・④の候は最も簡略化された形になっています。

●「候」の付いた慣用句

古文書ではきまった言い回しがよく使われます。この口調に慣れることが解読上達の秘訣です。右の①～⑤以外によく使われているものをあと二つ紹介しましょう。

 候得者（そうらえば）

 候得共（そうらえども）

（児玉幸多編『くずし字用例辞典』（東京堂出版）より）

●異体字

現在使用している漢字とは形が違ったり、略されていたりするものが使われている場合があります。例文の中では「我ホ」の「ホ」です。これは「等」という字と同じ意味で使われています。

●貨幣の単位

借用金額「六十文　七百三十目」という表記について。最初の「六十文」は「六十文銭」と書かれているものもあります。もともと銭には匁（銀貨の単位）という単位はないのですが、六十文を一匁とするという意味です。匁銭と呼ばれます。福岡藩では「六十文銭」という表記はよく見られますが、久留米藩では「六十二文銭」などと、藩によって異なります（藤本隆士「近世貨幣流通の実態と計算例」（『福岡県地域史研究』第二号、福岡県地域史研究所、一九八三年））。その下の「七百三十目」は七百三十匁のことです。「目」は十や百というきりのよい数字の時に「匁」にかわって使用されます。

ちなみに、「六十文銭」は「六銭」とか「六文」と省略されて使われる場合もあります。

古文書を読む会解散報告

平成四年二月にスタートした「福岡地方史研究会古文書を読む会」は十八年目を迎えました。昨年九月には長い間会長を務められた高田茂廣先生が逝去、今年の一月には会の世話人安見一彦さんを喪いました。今や会員の平均年齢は八十歳を超え、二十五人いた会員も十人を切りました。

この十八年間で成し遂げたこととしては、第一に『福岡藩朝鮮通信使記録』（以下『通信使記録』）で、八年をかけて黒田家文書五十点を十三巻にまとめ、平成十二年までに刊行しました。この記録集は韓国のみならず米国やフランスまで海を越えて広がり、翌年には福岡県文化賞奨励賞を頂きました。会員が定年後古文書の学習を通して地域文化に貢献したことを高く評価されたものです。

古文書というと郷土史の勉強と考えられがちですが、朝鮮通信使記録の解読は広く東アジアの歴史を知る手がかりとなりました。福岡藩の藩士が相島での通信使の接待にどれほど心を尽くしたかを知った時、我々の視野は大きく広がりました。福岡は玄界灘を挟んで韓国と接しています。この玄界の荒海を渡る通信使の苦難を考えた時、隣国と戦争が起きなかった江戸期に、平和を守るためにどれだけ両国の人々が力を尽くしたかを知りました。特に、〝国史〟を学んだ年配者にとってはあらためて歴史を見直す良い機会になりました。

また、『通信史記録』の関わりから新たな出会いがありました。古文書を読む会には対馬出身の故梅野初平氏がいて、その肝煎りで二泊三日の対馬旅行に行きました。当時の研究会の近藤典二会長もご一緒で、〝朝鮮通信使記録を刊行している研究会〟ということで、地元では盛大な歓迎会が開かれ、対馬の新聞にも写真付きで大きく紹介されました。

この旅は、対馬の研究者永留久恵先生のご案内で対馬を巡るというなんとも贅沢なものでした。永留先生の熱くて深い郷土に寄せる想いとその温厚なお人柄は、対馬の古代からの歴史遺産とともに忘れることができません。

通信使記録解読の八年間は、出版費用の捻出に頭を絞った時期でした。第一巻は、プールした会費をもとに二百部をコピーし、製本だけを印刷屋に依頼するという、文字通り手作りの本でした。二巻以後は一巻の売上げに

新宮町・相島にて(1992年5月25日)

加えて、県・市・地方史研究会などの史料集の解読を手伝い、その謝礼はすべて印刷費に充てました。『福間町史 資料編』(平成九年)、『福岡県史 近世史料編 福岡藩浦方㈠』(平成十年)、『福岡藩分限帳集成』(平成十一年)などで、特に分限帳の解読作業の困難は今でも話題にのぼります。『通信使記録』が十三巻まで刊行できたのも、関係機関の援助と協力によるもので、とりわけ、まとめて買い上げて戴いた福史連(福岡県地方史研究連絡協議会)の支援は心強いものでした。

この後取り組んだのが安見家文書でした。いわゆる支配層ではないものの、福岡藩無足組《むそくぐみ》に属し、城下に暮らした安見家一族の二五〇年にわたる生活記録は、歴史を俯瞰するよい勉強になりました。この内三代までの記録をまとめて『安見家三代記』(海島社、平成二十年)として上梓、さらに安見鼎臣弼《ていしんたすく》の編集による『黒田家譜早鑑《はやかがみ》』(平成二十一年)を刊行しました。無名ながら、仕事のかたわらひたすら筆写して史料を集め、歴史の編纂に生涯をかけた安見弼の生き方に、先達として深い尊敬を抱いています。「三代記」は若い研究者たちに取り上げられ、史学会で研究発表や論文が書かれたようです。

*

この会が十八年も継続できたのは、やはり高田茂廣先生のお力があってこそでした。あの豪快な笑いには何もかもを包み込むような力がありました。能古島の先生宅でご夫妻の手料理をご馳走になったこともありました。先生はアサリの酒蒸しを作って戴いたのですが、絶品でした。先生は貝掘りがお上手で、かぐわしい磯の香りと濃厚な味、しかも砂がまったく混じっていませんでした。私事ですが、その後も我が家には春になると、「貝食べる?」と先生から嬉しいお電話があり、嬉々として姪浜に頂戴に行きました。春の思い出として、女性たちでバレンタイン・デーにチョコレートを贈った時、お返しにご自分で折ったお雛さまを戴きました。

古文書の会は幕を降ろしますが、こうした多くの思い出が春の憂いとなってしばらくあとを引きそうです。福岡県立図書館始め関係機関やご支援を戴いた方々に深く感謝いたします。ありがとうございました。

横田武子《よこたたけこ》

◆第3回 志賀島歴史シンポジウム報告

古賀偉郎《こがよしお》

平成二十一年十月十七日、福岡市東区志賀島の志賀島小学校にて開催した。今回は「古代海人・阿曇族の全国進出」を全体テーマに、石器・木器から金属器への産業革命的進化の時代を駆けた阿曇族の先人たちの軌跡を追い、古代日本の曙と弥生の産業改革を垣間見、「金印」の持つ意味、その存在価値を歴然とさせることを趣旨とした。

午前の基調講演は、大谷光男氏（二松学舎大学名誉教授）が「金印と出会って五十五年」と題して講演。金印の（印面の）読み方を久米雅雄氏（大阪府教育委員会、本会の第一回シンポジウム講師として招請）が「委奴国《いと》」と主張し、一方高倉洋彰氏（西南大学教授）が「委《わ》の奴《な》国」を再認識させようと努力しておられる。志賀島から出土した金印は「金印紫綬」である。金印紫綬は中国漢代の国内では列侯にあたり、諸侯王の下に位する高官である。蛮夷の一領主に金印紫綬を授けることはない。故に金印紫綬は倭国の王に授けたと考えるべきである。つまり「委奴国」は「倭《やまと》の国」と読むべきである――と自説を主張。

金印発見以来二二五年、「委奴国」をめぐる解釈論争は今でも十説を下らない。「倭《やまと》の国」説は金印の初の鑑定者、江戸期の亀井南冥の説でもある。次いで元明四（一七八四）年三月十六日の日付で那珂郡役所に提出された「百姓甚兵衛口上書」の文言をめぐる解釈で口上書の冒頭に記されている「私ノ抱田地ノ叶の崎ト申ス所、田境ノ中、溝ノ水行悪敷御座候ニ付キ……」の抱田地《かかえでんち》を取り上げ、この言葉は特異な歴史用語である。江戸中後期の農政学者で久留米出身、大石久敬の著書『地方凡例録』に「抱田地、抱屋敷などの名目ありて、これはその村の百姓にてはあらずして外よりその村の田地屋敷を所持するをいう」とある。つまり、金印の発見者の甚兵衛は志賀島在住の百姓ではない可能性が、ここから見てとれる。志賀島村（当時）の寺の過去帳、当時の「田畑名寄帳」からはその名が確認できず、甚兵衛とは何者か……の謎解明の一端ではあるが依然その姿は判然としない、とさらなる研究の意欲を強調された。

午後はパネルディスカッションで、テーマは「志賀島・金印と阿曇族」。古代阿曇族が日本列島の各所に進出した考証として、今日「アヅミ」、「シカ」の地名を有する市町村は全国に約三十カ所を数え、いずれも「志賀島から来た」との伝承を今に残す。今回、長野県安曇野市から金井恂氏（安曇誕生の系譜を探る会会長）と石川県志賀町から大畑喜代志氏（志賀町教育委員会主幹）をお招きして地元の伝承を語っていただいた。地元からは阿曇磯和

氏（志賀海神社宮司）、塩屋勝利氏（元福岡市埋蔵文化財センター所長）、古賀偉郎（志賀島歴史研究会理事）、さらにオブザーバーとして「阿曇族」の研究の立場から兵庫県太子町立歴史資料館の村瀬孝氏、下関市古代文化研究会の前田博司氏の参加をいただき貴重な発言を頂戴した。

安曇野市の金井恂氏は、日本列島の中心部にあり海とは全く縁のない山国の安曇野が、古代志賀島近辺を拠点として活躍した安（阿）曇氏族によって建郡されたことの不思議さに触れ、二つの根拠を示した。一つは、正倉院の御物に安曇郡の安曇部真羊が納入した麻布があること。二つは、古社の穂高神社の祭神・穂高見命は阿曇氏の祖神である綿津見命の子とされていることである。さらに、安曇郡には弥生中期中葉の住居址や水稲栽培・紡織の痕跡を示す遺跡が多数あることから安（阿）曇氏族は弥生中期頃に安曇へやってきたと推測できる、と述べられた。

石川県志賀町の大畑喜代志氏は、志賀町の地名由来を中世以来の「四ケ所の荘園領地」からと志賀町＝志賀島に疑問を呈しつつ、その一方で潮流渡来説＝海人阿曇族が渡来した……という以下の史話を紹介された。同町の加茂地区に所在する「安津見《あづみ》」集落と、そこに建立されている古社「奈豆美比咩《なづみひめ》神社」があり、祭神は豊玉比咩である。社伝では、祭神トヨタマヒメは安曇族の一族を同伴し、九州志賀島より桃の木で製作した船に乗り、能登国は桃カ浦（現在の志賀町百浦）に着岸。福野潟をのぼり、米浜で下船。その後一行は安津見に到着した、という。能登の海女の起源が福岡県宗像市鐘崎の海女であることは広く知られている。阿（安）曇族の一行が、古代どのようにして海を渡り全国各地に定着していったのか、歴史ロマンに満ちた謎である。

長時間のシンポジウムは無事終了した。小さなサークルが始めた歴史シンポジウムが、回を重ねることができたこと、開催に際し福岡県、福岡市、志賀島公民館などの行政機関、福岡地方史研究会をはじめとする研究機関、地元志賀島の皆様に多大なご支援を頂いたことを会員一同感謝申し上げ、最後に本会理事長折居正勝氏が現在懸命にリハビリに頑張っており、皆様の前に元気な姿を出せるのも、そう遠くないものと思われます。これまでに多くの方々から頂戴した温かい励ましに深謝し、ここに近況をお知らせします。また、今回パネラーとして登壇しました阿曇磯和氏がシンポジウム終了から間もない十一月一日に逝去されました。地元志賀島にとっても、本会にとりましても、その存在が偉大でありましただけに、残念でなりません。併せてご報告いたします。

【書籍紹介】

県内城郭跡の概観や傾向を把握することが可能になった

福岡県の城郭刊行会編
『福岡県の城郭――戦国城郭を行く』
銀山書房、二〇〇九年、三五〇〇円

中西《なかにし》義昌《よしまさ》

中世の城郭跡（山城・丘城から平城・居館跡まで）は全国各地に分布しており、常に道路建設や開発による造成など遺跡の破壊や消滅と背中合わせである。そこで、文化庁は国庫補助により以前から中世の城郭跡について、全国の都道府県に悉皆的な分布調査を実施し国指定史跡のリストアップを促してきた経緯がある。九州では、鹿児島県、熊本県、宮崎県、大分県が完了し、長崎県と佐賀県が現在調査中である。そして、福岡県だけが未だ事業化の俎上にすら乗っていない状況にある。

今回紹介する福岡県の城郭刊行会編『福岡県の城郭――戦国城郭を行く』は、そうした現状に対して、地元の研究者により調査された県内の中世城郭跡の縄張り図・調査図を集成し解説を加えた資料集として刊行された。現時点では、福岡県の中世城郭跡分布調査報告に代わる貴重な成果と言える。

ところで、福岡県域を含む北部九州は、奴国・伊都国や大宰府・鴻臚館跡など先史・古代の遺跡については調査や研究が盛んな地域である。また、中世でも博多遺跡群の調査・研究は、歴史考古学や文献史学・歴史地理学の総合的な研究で全国的に名高い。それにも関わらず、中・近世の城郭跡となると、これまでほとんど関心が払われてこなかったのは実に不思議なことであった。

象徴的なのは福岡城跡の扱いである。今日も福岡城跡は現存建物を含めて石垣から土塁までかなり残りの良い城郭跡である。しかしながら、明治通りの地下に埋没する石垣跡の見学施設が設置されたことを除けば、福岡城跡の総合的な調査研究は管見の限りみられない。これとは対照的に、福岡城跡の下にあるとされる鴻臚館跡は古くから調査が企画されてきた。かつて平和台球場解体後には、現存する福岡城跡の遺構を断ち割るかたちで鴻臚館跡の総合的な発掘調査が行われ、遺構や遺物の確認を通して場所の比定と全容解明に労力が注がれた。周囲も福岡城跡の保全以上に発掘調査による鴻臚館跡の解明を熱望した。その結果、未だに展示館のない福岡城跡の一角に、立派な鴻臚館跡の展示館が建てられている。

こうした福岡城跡の評価の低さは、これまでの城郭跡に

対する一般的な態度をよく表したものと言えるだろう。ただし、ここ十年は中・近世の城郭跡の調査研究も進展し、次第に関心が高まりつつある。

木島孝之氏は、福岡城跡や支城跡を調査し初期福岡藩政の権力構造を論じた。また、従来は戸次道雪・立花統虎の城郭と考えられてきた立花山城の調査を通して、現況遺構が小早川隆景入部により朝鮮出兵を視野に入れた豊臣政権の鎮西の城として織豊系縄張り技術による大改修を受けた姿であることを明らかにした。一方、筆者や岡寺良氏は、中世城郭跡を中心に戦国後期の国衆たちが築いた城郭跡を調査し秋月氏や高橋氏、原田氏、筑紫氏らの動向と権力構造を分析した。筆者と岡寺氏の調査した縄張り図は『歴史史料としての戦国期城郭』（花書院）として刊行されている。

これに対して、地元からは、広崎篤夫氏が県内の城郭跡を丹念に歩き見取図などを加えた『福岡県の城』（海鳥社）を嚆矢に、一九九〇年代後半になると中村修身氏をはじめ県内の文化財行政担当者や地元研究者を中心に「北部九州中近世城郭談話会」（以後、談話会）が組織化された。談話会は、全国の文化財担当者・考古学者の情報交換と研究報告を目的とした織豊期城郭研究会の活動に触発されるかたちで結成され、県内の研究者の交流の場・情報交換の場となった。その談話会が中心となって企画・編集したものが『福岡県の城郭』である。

福岡県と一口に言っても、東は周防灘に面して大分県と境を接した旧豊前国から、豊筑の山岳部・丘陵地を経て、西は旧筑後国北部の筑後平野、熊本県と境を接する旧筑後国南部の深い山々まで幅広い地域相がみられる。『福岡県の城郭』は紙面の都合もあり全事例を網羅するには至っていないが、二二二カ所の城郭跡について解説と縄張り図・調査図を掲載する。これにより、県内の城郭跡の概観や傾向を把握することが可能になった。

本書の刊行を機に、今後は、城郭跡の縄張り図や調査図の精査を進めるとともに、地域の歴史と在地構造を知る史料として城郭跡を活用する試みが広く求められる。例えば、従来は文献史料の乏しさから秋月氏や筑紫氏、原田氏など戦国期の国衆について研究が進んでいなかった。しかし城郭跡の調査からは、秋月氏が豊臣政権の九州征伐に対して、畝状空堀群を用いた城郭を築き、多くの武装勢力を結集して戦った盟主的存在だったことが解明されている。彼らが築いた城郭跡は各地に良好に残されており、本書の刊行などを機に、より一層、各事例の精査と戦国・織豊期の歴史研究への活用が期待される。

それだけに、福岡県には、本書を叩き台に、より詳細な中世城郭跡の悉皆的な分布調査を強く要望したい。

雑誌探索……4……首《す》藤《どう》卓《たく》茂《も》

今回は二つの意味で脱線して雑誌探索をおこないます。一つは東京発行の雑誌を紹介すること、二つはこの雑誌だけに限りたいということです。

福岡縣人

本誌は各地の福岡県人の活動や県内の政治・経済・社会動向を掲載した月刊雑誌（B5判）である。長崎移転後の控訴院誘致運動で挙県的な活動を取り得なかったことが契機となり、旧四藩分立をなくして融和を図ろうと出版が企画された。大正十二（一九二三）年六月創刊、昭和十八（一九四三）年六月、第21巻第7号で廃刊。発行は福岡縣人社、三代にわたる経営で、東京所在。林繁夫が主幹、編集田代順一（第一代）。林の経歴は不詳。

林の病軀をおしての編集と経営難の中、昭和三年七月に永田成美が継ぐ（第二代）。永田は久留米に生まれ、明善中学・慶應義塾を卒業。「福陵新報」、「中外商業新報」をへて三井に入社、三越に勤務。「帝国新報」をへて古巣の「中外商業新報」に戻り、総務部長で退任。昭和出版社長として『伊藤公全集』を発行。福岡縣人社を主宰するが経営難に陥り、昭和六年七月に社員社友の内藤力三らに事業を譲渡、のち内藤が単独で経営する（第三代）。内藤は八女出身、略歴は不詳。

内藤は津留崎新（南筑支社、久留米）をえて、満州朝鮮派遣記事、県内各都市特集記事などで次第に経営基盤を固めていくが、新設の福岡・大阪・鮮満支社では辞職が続き、県下の取材は津留崎にかかった。福岡支社では田中末次郎などが一年もへず辞職。昭和九年林大壽をえて福岡の記事は充実するが、病魔がおそい昭和十三年四月に死去。鷲見剛亮が継ぐ。新たに設置した関西・北九州支社も続かない。昭和十二年、鮮満支社に佐野順太郎をえて鮮満通信が毎号掲載されたが十五年病没。佐野は明治三年八女郡水田村生まれ、朝鮮総督府を退官後も京城に居た。こうして本社、南筑・福岡支社を基盤に雑誌は維持されるが、戦時下で紙の配給が滞り発行ができず十八年廃刊。

本誌の内容的な特徴をあげたい。①福岡県下の行政、産業、社会、文化のニュースを逐次掲載。②福岡県出身人士、県内人士の動向、日々の消息、逝去記事などの詳細な記載。とくに政治家・官吏、③出身人士・県内人士の寄稿。在京人士では有馬頼寧、雑賀博愛、杉山茂丸、中村至道、中島利一郎、藤井甚太郎などが書いている。旧四藩域に配慮した郷土史がみうけられる。④支社のある福岡・久留米二地域に記事が偏ることは否めず、小倉・豊前などほかの地域では多く人を得ないままであった。⑤企業者、旧藩主、顕官貴官の支援を受け、政治的中立を表明したりもしている。しかし無産派の人士や運動には関わりがなく、例外的に吉川兼光や田原春次がいるだけだ。

福岡の記事では昭和九年四月以降の林

大壽の時期が光を放っている。林は眼疾をえて昭和十二年には記事が減るが、それでも翌年四月の逝去まで病臥のなか筆をとる。明治六年、林順道の次男として春吉五番丁に生まれ、福岡商業学校卒業。福岡郵便局、九州鉄道に勤務。縣人社に入る前には郷土史誌『都久志』（昭和六・七年）同人として筑前文献の解説などを執筆。野村望東尼をはじめ郷土史料の収集ではつとに名の通った人であった。

記事では多くの筆名を使い分け、「墨蹟とその人」、「故人の面影」、「蒐集趣味」、「福岡の会さまざま」や多くの人・団体などの各種会合を紹介。県立図書館主催展覧会もある。「新刊紹介」、「たもと草」、「福岡から」も面白い。交友のある人士への執筆依頼も目につく。伊東尾四郎「県史資料叢話」、長野遐「月形一門」、佐々木滋寛、筑紫頼定などの原稿。追悼文では許斐友次郎、杉山泰道（夢野久作）など。青柳喜兵衛は全集の未完を嘆きつつ夢野を悼んだ。同時期に高山丈磐編「加藤田日記」の長期連載が始まる（南筑支社依頼か否か）。

こうして、林大壽は蓄えたテーマを多方面に開花させ精力的に執筆した。その没頭が眼疾を悪化させたことは間違いないだろう。たんなる収集家という評価があるが、こうした仕事をみると、有能な編集者、研究者としての一面が窺える。

林の後を鷲見剛亮がついだ。鷲見は『東亜先覚志士記伝』などにもなく、本誌の記事で略歴をつづりたい。黒田長成の追悼記事の中でその恩について書いている。三題とりあげたい。日清日露戦争の前、福岡で東亜語学校を設立。勃発後は卒業生を陸海軍などの通訳に採用するよう山県有朋に陳情し目的を達した。そのおり長成から激励をうけたこと。のちに『貝原益軒全集』刊行の経営にあたり、長成から多大の援助をうけ明治四十三年に刊行できたこと。最後は長成を会長に筑前会を発足させたことである。鷲見は長成と同年と書いているので、長成逝去の昭和十四年には七十三歳、生年は慶応三（一八六七）年か二年と推定される。

鷲見の就任はすでに日中戦争期に入っていて、誌面が軍事に傾斜するのは当然であろう。戦没者名、軍人の論功行賞者名、戦場・軍人の記事・出稿が増え、県大政翼賛会や文化団体など戦時下の政治・文化の動向が、献納機や奉仕などの地域記事と共に取り上げられる。真木和泉守や南朝遺跡、元寇の役、海外雄飛の歴史記述が多くなり、中島利一郎、藤井甚太郎などの記事が目をひく。表紙も戦意高揚のスローガンが埋める。こうした記事もまた歴史の一こまであり、地域の歴史を見ていくための史実が詰まっている。

本誌の所蔵状況であるが、県立図書館では第10巻（昭和七年）からはほぼ所蔵しているが、それ以前は断続的な状態で、第4巻は一冊、第1、8、9巻は全欠の状態。福岡市総合図書館では第12～15巻、20・21巻で断続的に所蔵。欠号分をぜひ埋めたいもので、土蔵などで見かけられたら公共図書館に寄贈をお願いしたい。また記事目録もぜひ作成したいところだ。

例会卓話記録

■平成21年6月～22年6月

回	卓話題目	卓話者	年月日	会場
504	近世国境争論にみる領主と地域信仰 ―脊振弁財嶽国境争論を参考にして―	田中由利子	21. 6 . 28	県立図書館別館研修室
505	（天候不順のため総会行事のみを実施）	―	21. 7 . 26	県立図書館別館研修室
506	【総会記念講演（順延分）】 安川敬一郎と北九州・福岡	日比野利信	21. 8 . 22	県立図書館別館研修室
507	歴史散歩（福岡市・黒門～西新）	石瀧豊美	21. 9 . 20	福岡銀行黒門支店前集合
508	【第3回志賀島歴史シンポジウム】 古代海人 阿曇族の全国進出 主催：志賀島歴史研究会 後援：福岡地方史研究会ほか	大谷光男 塩屋勝利 阿曇磯和 古賀偉郎 ［司会］ 岡本顕實	21. 10. 17	志賀島小学校講堂
509	【福史連筑前地区研究集会】 北九州の近代化遺産 ―地域の歴史的個性に誇りを― ＊東田第一高炉史跡広場を見学し，いのちのたび博物館の近代化遺産関連の特別資料（安川敬一郎関係を含む）を閲覧	―	21. 11. 8	北九州イノベーションギャラリー
510	【第43回福岡県地方史研究協議大会】 福史連創立40周年記念シンポジウム テーマ：日本の近代化と福岡県 基調講演：杉山徳三郎と近代産業の創成 シンポジウム：近代化を支えた人々 ―福岡県の先駆者たち― 同時開催：ミニ展示「福史連加盟郷土史研究会の会報」／第4回地方史フェア	杉山謙二郎 安藾龍生 杉山謙二郎 時里奉明 山田元樹 石瀧豊美	21. 11. 21	県立図書館地階レクチャールーム
511	福岡藩家老吉田家の失脚をめぐって	寺崎幹洋	21. 12. 19	県立図書館別館研修室
512	【シンポジウム・古地図に親しむ Ⅲ】 主催：九州大学社会連携事業「九州の古地図に親しむプロジェクト」 共催：福岡県立図書館	森　佳江 梶嶋政司 川村博忠	22. 1 . 30	県立図書館地階レクチャールーム
513	筑前の「夜明け前」 ―筑前国遠賀郡黒崎宿の宿役人宇都宮正顕の実像―	守友　隆	22. 2 . 20	県立図書館別館研修室
514	福岡の軍需産業と勤労動員 ―福岡の戦争・占領文献リスト作成のなかから―	首藤卓茂	22. 3 . 20	県立図書館別館研修室
515	歴史調査との関わりをふり返って ―立花実山との出会い、その後の資料探し，そして先祖探し―	松岡博和	22. 5 . 15	県立図書館別館研修室
516	【第44回福岡県地方史研究協議大会】 テーマ：福岡県の中世山城 福岡県城郭研究の現状と課題 福岡県の城郭と年代観 ―近年の城郭研究を踏まえて― 同時開催：ミニ展示「福史連加盟郷土史研究会の会報」／第5回地方史フェア	中村修身 中西義昌	22. 6 . 26	県立図書館地階レクチャールーム

短信往来

▼栄西、そして近況　観光案内で聖福寺に立ち寄ったとき、私はつねづね「私に会った人は今後絶対、『えいさい』のことを『ようさい』と言うようにしてください。これも何かの縁と思って、しっかり覚えておいていただきたい」と声を張り上げたものである。「ようさい」とは聖福寺の創始者「栄西」のこと。漢字を制限し読み方を統一したとき、当局は苦肉の策としてなぜか栄西だけが外れた。ならばなぜ鑑真は「がんじん」、帝釈天は「たいしゃくてん」なのか。「ようさい」は当事者間のみに通用し、一般には死語となった。

最近、「博多町家ふるさと館」がリニューアルしたというので観に行った。そこでの案内板に、「栄西」が正しく「ようさい」と書かれているのを見て安堵した。元寇防塁など、土地の人でも間違って信じていることがいかに多いか、有名な歴史小説家でさえ、臆面もなく害悪をまき散らしている昨今。実地に見ねば実のほどは分からない。

過去私は、福岡城天守閣再見や鴻臚館跡の発見の経緯、司馬遼太郎の間違いなどをあげつらってきた。私が言えるのは、すべてが第三者の強みからだ。係累があっては言うものも言えない。

「痒い痒い」が全身にできて二カ月、死ぬような苦しみが続いた。最近ようやく小康状態になった。今年に入りまずメニエール様症状が来た。次は不如意な随意筋に命令しなければ動けず、不便極まりない日常である。二重三重の苦行も私の試金石と心得ている。（川本《かわもと》一守《かずもり》）

▼生きていた共同風呂　八女郡黒木町に共同風呂があると聞いて出掛けた。

黒木町大字本分《ほんぶん》（旧豊岡村）字犬子淵《いんこぶち》。因縁というか、戦時中の昭和20年5月末から終戦後の8月下旬まで、久留米第一陸軍予備士官学校の幹部候補生として豊岡国民学校講堂に駐留、3カ月間を過ごしたところだった。周囲にあった萱葺きの農家がすっかり建て替えられて昔の面影はなくなっていたが、その中に1軒、古色蒼然とした共同風呂が残っていた。

間口3間、奥行4間ほどの木造建築だったが、浴場は1坪程度の長方形タイル張りの浴槽を薄板で仕切って男風呂・女風呂に分け、それぞれに、上がり湯付きの洗い場、衣類棚を設けた板張りの脱衣場がある。風呂釜は浴槽と煉瓦壁で仕切られ、薪で沸かした湯を浴槽に流し込む。水は井戸水をポンプで吸い上げ、薪は星野村の製材所から廃材の割れ木を購入しているという。

集落は昔から50戸ほど。限界集落はまぬがれているものの、高齢化が進んで一人住まい、二人住まいが多いという。以前は村中で共同風呂を利用していたが、内風呂が普及して現在の風呂仲間は7軒。それぞれが自宅に風呂を持ちながら、ゆったりとした浴槽と薪で沸かした湯の感触が忘れられずに続けているという。

当番制で、世話役が毎日各戸に番札を回す。当番は軒順（家並みの順）。昼過ぎから浴場の掃除にかかり、夕刻、釜に火を入れる。入浴は季節に合わせて日暮れ刻《どき》からで、湯沸かしは冬が2時間ほど、夏はそれより短くてすむ。釜焚きは夜の8時まで。

毎年正月15日に風呂仲間の会合があり、会計報告、費用の出し前その他の話し合いがすむと、会計帳簿・記録簿を譲り渡して世話役が交代をする。世話役も軒順。

世話役さんのお宅で、昭和3年からの記録簿を見せていただき、いろいろ話を伺って外へ出ると、とっぷりと日が暮れていた。風呂場の傍を通りかかった時、「一人入っておられますよ。最長老の方が」と言われて中を覗くと、湯《ゆ》槽《ぶね》に長々と足を伸ばしたお年寄りの、何とも言われぬ心地よげなお顔が湯気の中に浮かんでいた。

共同風呂は燃料の節約から生まれたムラの共有施設で、〃もやい風呂〃といい、その存在は各地の農村に見られたが、各家に内風呂ができるようになって、昭和30年代後半には殆どがその姿を消してしまった。今では古老の話にそれが聞かれるのみであるが、どこで聞いても、〃もやい風呂〃の話をする時の古老の表情は例外なく明るかった。裸と裸の触れあいが近隣を家族的な親近感で結び付けていた。混浴も当たり前だった。

それを、生木を引き裂くように禁止したのは明治政府である。近代史年表を繰っていた時、明治33年9月24日の日付で「内務省、風紀取締りのため、十二歳以上の男女混浴を禁止」とあるのが目についた。古くからの慣習を無視した押し付けのザル法である。ザル法は何時の世でも水漏れがする。風呂場に取り外しのできる仕切り板を用意しておき、駐在さんの見回りのある時にだけ取り付けていたと、愉快そうに語るお年寄りに何度も巡り合った。

犬子淵でも浴槽は一つ。男風呂と女風呂の境は浴槽をまたいだ薄板だった。子供たちがその下をくぐって往き来してはふざけるので、薄板の下に柵を取り付けたという。薄板の仕切りに昔の面影が偲ばれた。

それよりも何より、平成も20年を過ぎた今まで共同風呂が生きていたことに、驚きよりも深い感動をすら覚えた。

（佐々木哲哉《ささきてつや》）

＊その後、2010年2月をもって、犬子淵の共同風呂は閉鎖された。

▼あの時の、その場所に、あなたは今、立っている……。ヴァーチャル・リアルなミュージアム「はかた博物館」

世界最大級といわれるルーヴル美術館は、40ヘクタール以上の敷地、作品の保管・展示面積およそ6万㎡。一方、はかた博物館は、200ヘクタール以上の敷地、作品の保管・展示面積におよそ200万㎡。ルーヴル美術館は、1万1000年にわたる文明・文化を代表する作品（植民地時代に海外から持ってきた文物をかなり含む）を展示、はかた博物館は、2000年以上にわたる博多自身の文明・文化そのものをそのまんまガラスケースなしに展示しています。

2000年来、歴史上の多くの要人が訪れた誇りある町を、そのまま東西1キロ、南北2キロ、面積200ヘクタールの世界最大の博物館に見立てて、他に例を見ないくらい身近に点在している日本史・世界史の一コマ一コマを、旧博多部の歴史上の地点の電柱に歴史案内の看板をキャプションとして　博多の町をそのまんま博物館にということです。

この歴史上の地点というのが大切で、博多は、歴史上、地政学上の特異点なのです。なにしろ、2000年間、間断なく歴史上の人物が往来し、日本史上、また世界史上に影響を与え続けた場所だからです。

このはかた博物館の展示物は、人物。紀伝体で、有名・（現在までは）無名の歴史上の人物を語ります。それは、第一義には、博多の老若男女に伝えることで、そのアイデンティティの確立、郷土博多に誇りと自信を持ち、世界に羽ばたいて頂きたいということです。

また第二義には、日本全国に向かって、「博多があるけん日本があるとばい」と発信しようとしています。コメは板付、茶は聖福寺、饅頭、うどん・ソバは承天寺……というふうに。

そして、世界に向かっても、日本で一番古い町であること、世界史上最大版図の帝国の侵略を唯一阻止した町、そして文化的に日本が世界で一番輝いた江戸文化文政期に、その輝きの重要な部分を担った町であったこと、いま昇竜の勢いの中国についても、鄭成功の時、孫文の中国革命にも博多の人々が重要な働きをしたからこその現在があることを発信しようと計画しています。

●ネット検索「はかた博物館」

●メイル　hakata8museum@me.com

（立石武泰《たていしたけやす》）

■編集後記

今号は「峠・街道・宿場町」を特集のテーマとしました。特集を含めたくさんの原稿をお寄せいただきありがとうございました。しかし、大変申し訳ないことですが、紙数も限られていますので、いただいた原稿を今回掲載できなかった方が複数おられ、次号掲載するということでお許しをいただきました。

これはここ数年の問題点でもあります。この会報は会員のみなさまの研究成果の発表の場です。できるだけ多くの方が発表できるように工夫していきたいと思います。その一つとして、印刷費をまかなうために広告協賛をいただく方法があります。そうすればページ数を増やすことも可能です。ご協力をお願いします。

＊

さて、昨年は政権交代という日本の政治史上歴史的な出来事がありました。その大きな流れの中で生活をし、いろいろなことを見聞きする身として感じるのが、国民の一人ひとりが実にさまざまに受け止め、さまざまな意見を持っているのだなあ、ということです。自分の都合、利害関係、理念・理想などによって一つの事象を見る見方が違っています。したがって、事象に対する評価も自ずと違います。政権交代という事象は後世において歴史的にどのように評価されるのでしょうか。

こんなことを考えていると、私が過去の歴史的事象について史料をどのように読み解き、どう評価しているのか、そのことが問われてきます。とっても難しいことだなと思います。

最後になりましたが、長年本会の運営・発展にご尽力くださった高田茂廣さんがお亡くなりになりました。心より哀悼の意を表します。

（誕）

福岡地方史研究　第48号　定価（本体一三〇〇円＋税）

二〇一〇（平成二十二）年八月二十五日発行

発行人　石瀧豊美

編集委員　石瀧豊美・近藤典二・鷺山智英*・竹川克幸

横田武子　（＊は編集委員長）

発　行　福岡地方史研究会

〒八一一－二一一三　福岡県糟屋郡須恵町須恵

八二〇－一　石瀧豊美方

電話・FAX〇九二（九三三）〇四二六

制作・発売　有限会社海鳥社

〒八一〇－〇〇七二　福岡市中央区長浜三－一－一六

電話〇九二（七七一）〇一三二

FAX〇九二（七七一）二五四六

印刷・製本　有限会社九州コンピュータ印刷